Iris Hammelmann

Gesund wohnen mit
Energiepflanzen

LUDWIG

Inhalt

Manche Pflanzen verstrahlen ihre Energie in alle Richtungen.

Blau beruhigt in allen Situationen und stellt die Verbindung zur inneren und höheren Kommunikation her.

Bäume geben Kraft und bringen Schwung ins Leben.

Vorwort

Pflanzen sind etwas Wunderbares. Sie beleben jeden Raum, man verschenkt sie gern. Sie gehören einfach zum täglichen Leben dazu. Nicht nur unsere Seele freut sich, wenn es auf der Fensterbank grünt und blüht. Auch unser Körper spricht positiv auf Pflanzen an. Das liegt u. a. daran, dass der Stoffwechsel der Gewächse genau entgegengesetzt zu unserem funktioniert. Eine Topfpflanze produziert den Sauerstoff, den wir dringend benötigen, als Abfallprodukt. Sie braucht wiederum Kohlenstoff. Den bezieht sie aus dem von uns ausgeatmeten Kohlendioxid der Luft. Mensch und Pflanze – eine ideale Verbindung also. Wissenschaftliche Untersuchungen haben sogar ergeben, dass einige Schnittblumen oder Topfpflanzen Umweltgifte wie beispielsweise Formaldehyd abbauen können. Zahlreichen Wohngiften sind wir ausgesetzt, weil Häuser und Wohnungen immer mehr isoliert, also von Frischluft abgeschnitten, gleichzeitig immer stärker belastet werden. Über den Nutzen, den Pflanzen im Rahmen unserer Ernährung haben, braucht man kaum noch etwas zu sagen, ebenso wenig über die Anwendung pflanzlicher Stoffe in der Medizin. Phytotherapie ist als Grundlage aller Heilmittel überhaupt anzusehen.

> Das gesamte Leben beruht auf dem Wechselspiel der Pflanzenwelt auf der einen, Menschen und Tieren auf der anderen Seite. Das Geben und das Nehmen in allen Bereichen sollten auch in unserem täglichen Leben ausgeglichen sein.

Lebendig und empfindsam

Unsere grünen Mitbewohner sind also überaus nützlich. Aber sie sind vor allem eins: lebendig. Pflanzen können zwar nicht gehen und sprechen, doch sie sind lebendige Wesen, die auf ihre ganz eigene Art wahrnehmen, mitteilen, agieren und reagieren.

Haben Pflanzen Gefühle?

Zugegeben: Es fällt schwer, sich Pflanzen als Musikkritiker oder Zeugen bei einem Mordprozess vorzustellen. Wenn Sie dieses Buch jedoch gelesen haben, werden Sie in der Lage sein, genau das nachzuvollziehen. Es ist eine Gratwanderung. Dass Pflanzendüfte, selbst wenn sie von unserer Nase kaum wahrgenommen werden, antibakterielle Eigenschaften besitzen und damit für uns schädliche Stoffe abwehren können, erscheint noch glaubhaft, vielleicht auch noch, dass Bäume ihre eigene Chemie so verändern können, dass ihre Blätter und ihre Rinde für angreifende Schädlinge plötzlich unbekömmlich werden.

Fragen über Fragen

Aber können Sie sich vorstellen, dass Ihre Kübelpflanzen eingehen, weil Sie sie regelmäßig angebrüllt haben? Ist es tatsächlich möglich, dass der berühmte »grüne Daumen« nicht nur die Fähigkeit meint, einer Blume die optimale Wassermenge, ausreichendes Licht und die geeignete Temperatur zur Verfügung zu stellen? Sind das regelmäßige Beschneiden und Umtopfen vielleicht gar nicht die Hauptsache? Kommt es viel mehr darauf an, positive Energie auszustrahlen? Das Zauberwort, das auf die vielen Fragen eine Antwort zu haben scheint, heißt in diesem Zusammenhang »Energiefelder«.

Energiefelder

Davon ausgehend, dass jedes Lebewesen, egal ob Mensch, Tier oder Pflanze, über ein solches Energiefeld verfügt, wird es plötzlich tatsächlich vorstellbar, dass wir mit unserem Oleander oder der Azalee kommunizieren können. Wir können einiges dafür tun, dass die Energiefelder der Pflanzen, die mit uns leben, nicht gestört oder gar beschädigt werden. Im Gegenzug dürfen wir aber auch von der fließenden Energie profitieren. Durch gezielte Platzierung von Topfpflanzen in den einzelnen Bereichen von Wohnung und Arbeitsplatz kann man davon Nutzen haben. Mit diesem Miteinander von Mensch und Pflanze in den unterschiedlichsten Facetten beschäftigt sich dieser Ratgeber. Lassen Sie sich auf das geheimnisvolle stille Leben Ihrer Gewächse ein. Überdenken Sie den Umgang, und ändern Sie ihn möglicherweise grundlegend. Sie werden schnell beobachten können, dass die Zimmerpflanzen bei Ihnen besser denn je gedeihen. Und Sie werden die Energie der Pflanzen spüren. Vielleicht haben Sie ja auch bald den »grünen Daumen« und wissen diese Gabe zu schätzen!

Pflanzen sind sehr empfindliche Wesen, die auf vielerlei Reize reagieren. Nehmen Sie sich Zeit, ihre Umgebung aufmerksam zu betrachten. Nutzen Sie die Energie, die von Pflanzen ausgeht, die sich wohlfühlen.

Funktionsweise der Pflanzen

Die Lebensweise vieler Pflanzen ist heute bereits recht gut erforscht. Deshalb weiß man, auf welche Art sie den Menschen beeinflusst. Ein Beispiel ist die Atmung der Pflanze, die so genannte Photosynthese.

Die Photosynthese

Grünpflanzen, einige Bakterien und Algen sind in der Lage, die Sonnenenergie in chemische Energie umzuwandeln. Bei diesem äußerst komplexen Vorgang, der Photosynthese, entsteht Sauerstoff als Abfallprodukt. Gut für Mensch und Tier, denn Sauerstoff ist überlebenswichtig.

Pflanzen produzieren Nährstoffe

Die Photosynthese macht aber noch viel mehr. Sie wandelt den unerschöpflichen Vorrat an Sonnenenergie in Nährstoffe um. In den Zellen der Pflanzen gibt es Bausteine mit dem grünen Pigment Chlorophyll, die Chloroplasten, die Sonnenenergie aufnehmen und daraus mit Hilfe von Kohlendioxid und Wasser energiereiche Zucker herstellen können. Andere Bausteine, die Mitochondrien, können diesen Zucker wieder abbauen. Dabei wird Energie freigesetzt. Das Vorhandensein von Chloroplasten hebt pflanzliches Leben von tierischem und menschlichem ab. Der Aufbau und die Funktionsweise der pflanzlichen Zelle ähneln hingegen denen der tierischen Zelle. In beiden Fällen finden wir einen Zellkern und so genannte Zellorganellen, die – vergleichbar mit Organen – ganz bestimmte Aufgaben erfüllen. Bei Pflanzen sind die Zellwände nebeneinander liegender Zellen durch Mittellamellen quasi miteinander verklebt, sie geben der Pflanze Form und Festigkeit. Durch ihre relativ hohe Starre können Pflanzen nie so beweglich sein wie andere Lebewesen.

Pflanzen ernähren sich u. a. von Sonnenlicht und wandeln ihre Energie in Nährstoffe um. Dabei entsteht als Abfallprodukt der für uns lebensnotwendige Sauerstoff. Diesen Prozess bezeichnet man als Photosynthese.

Natürlich brauchen Sie nicht den genauen Aufbau der Pflanzen zu kennen. Ein bisschen Hintergrundwissen sorgt jedoch für das notwendige Verständnis, um optimal mit ihnen umzugehen. Denn schließlich wollen Sie Ihren Zimmerpflanzen die besten Lebensbedingungen verschaffen und umgekehrt bestmöglich von ihnen profitieren können.

Lichtbedarf

Wenn Sie eine Pflanze anschaffen, erkundigen Sie sich nach dem Bedarf an Sonne. Sollten Sie keine Auskunft bekommen können, helfen Ihnen Herkunftsland und Gestalt der Blätter oftmals weiter. Arten aus tropischen Ländern etwa sind daran gewöhnt, dass Tag und Nacht gleich lang

Pflanzen benötigen Licht, um ihren Stoffwechsel aufrechtzuerhalten. Deshalb ist der Standort innerhalb der Wohnung von großer Bedeutung. Wo eine Pflanze nicht genug Tageslicht bekommt, kann man mit speziellen Lampen nachhelfen.

Was Blätter uns verraten

Blatt	Lichtbedarf	Pflanzen
Rosettenartig angeordnet; weich	Halbschattig	Usambaraveilchen, Primeln
Groß und weich	Keine direkte Sonne aber hell	Philodendron, Zimmerlinde, Zimmeraralie
Weiß oder gelblich	Keine direkte Sonne, aber heller als grüne Blätter	Efeu
Bunt	Halbschattig, keine direkte Sonne	Blattbegonien, Pfeffer
Gefiedert	Halbschattig, keine direkte Sonne	Palmen und Farne
Fleischig, Dornen	Viel Licht, direkte Sonne	Kakteen, Fetthenne
Ledrig	Viel Licht, aber keine direkte Sonne	Gummibaum, Wachsblume

sind. Auch kennen sie keine heftigen Veränderungen in den Jahreszeiten, Herbst oder Winter stellt sie auf eine harte Probe. Hier müssen Sie für »tropische Bedingungen« sorgen.

Pflanzen reinigen die Luft

Pflanzen betätigen sich auch als Luftreiniger. Häuser und Wohnungen werden immer stärker isoliert, was unter energietechnischen Aspekten sicher sinnvoll ist. Leider sind die Bewohner dieser Häuser damit zunehmend von frischer Luft abgeschnitten. Gleichzeitig sind sie der Belastung von Wohngiften ausgesetzt, die in Wandfarbe, Tapete, Holzleim, Teppichboden und Möbeln lauern. Einer NASA-Studie zufolge filtern einige Pflanzen Schadstoffe besonders effektiv aus der Luft. Wenn Sie unter der Belastung leiden, besonders am Arbeitsplatz, sollten Sie folgende Arten anschaffen:

- Gegen Formaldehyd: Grünlilie, Schwertfarn, Philodendron, Efeu, Dieffenbachie, Birkenfeige
- Gegen Xylol und Toluol: Birkenfeige, Dieffenbachie
- Gegen Benzol und Trichloräthylen: Gerbera, Chrysantheme
- Gegen Ammoniak: Birkenfeige, Azalee, Strauchmargerite

Das Aufstellen der jeweils passenden Pflanze bedeutet aber nicht, dass man sich das Lüften sparen kann. Im Gegenteil: Lüften ist sehr wichtig, auch im Winter. Dafür die Fenster kurz ganz weit aufmachen; durch gekippte Fenster kann die Luft nicht vollständig ausgetauscht werden.

Missbrauchen Sie keine Zimmerpflanze als chemischen Abfalleimer. Zugluft, die womöglich noch mit Abgasen belastet ist, oder Zigarettenrauch schadet dem grünen Mitbewohner. Der Verlust von Blättern und Blüten kann die Reaktion sein.

Ernährung

Was uns Menschen einerseits als Erschwernis und großer Nachteil erscheinen muss, nämlich dass Pflanzen sich nicht fortbewegen können, hat sie andererseits zu wahren Überlebenskünstlern gemacht. Schließlich muss jeder Baum oder Strauch seine Nahrung von dem Platz beziehen, wo er steht. Das heißt nicht, dass die Wurzeln sich nicht bewegen

Lassen Sie die spiral-förmig angeordneten Blätter dieser Pflanze auf sich wirken. Erkennen Sie die mathematische Regel, nach der sich die Blätter zueinander anordnen?

könnten. Im Gegenteil: Sie schlagen durchaus eine bestimmte Richtung ein, wenn es dort Nährstoffe gibt. Aber das Gewächs an sich bleibt eben an einem Standort stehen. Durch Wuchs und Anordnung der Blätter sorgt es beispielsweise dafür, dass jeder Spross ausreichend Sonnenlicht erhält. Bei spiralförmig angeordneten Blättern richtet sich der Winkel, in dem jeder einzelne Spross zu den anderen steht, nach einer festen mathematischen Regel.

Regulationsmechanismen der Pflanzen

Spaltöffnungen in Blättern machen es möglich, dass ein Teil des enthaltenen Wassers verdunsten kann. Dieser Prozess erzeugt eine Saugspannung in der Pflanze, durch die die Wurzeln in die Lage versetzt werden, neues Wasser und benötigte Mineralien aufzunehmen. In der Regel gibt es also zwei Quellen, aus denen jedes pflanzliche Wesen seine Nährstoffe zieht: aus der Luft und aus denen Erde. Aus Kohlenstoff, Stickstoff, Sauerstoff, Kalium, Phosphaten und diversen weiteren Mineralstoffen wird neue Pflanzensubstanz aufgebaut. In Blättern, Blüten, Stängeln und Wurzeln aller Arten sind also Stoffe enthalten, die auch für uns Menschen von extrem großer Bedeutung sind; schließlich bestreiten wir

Beobachten Sie Pflanzen über einen langen Zeitraum. Sie werden staunen, wie beweglich sie sind. Bieten Sie Ihren Pflanzen die bestmöglichen Bedingungen, damit sie sich gut entfalten können.

einen großen Teil unserer Ernährung durch pflanzliche Produkte. Wer sich mit Pflanzen auskennt und weiß, welche Substanz in welcher Menge in welchem Pflanzenteil vorkommt, kann davon profitieren, indem er entsprechendes Grünzeug zum richtigen Zeitpunkt selbst erntet und in seinen Speiseplan aufnimmt. Aber Achtung: Nicht alle Pflanzen eignen sich hierzu gleichermaßen. Neben benötigten Substanzen können schließlich auch Giftstoffe in Pflanzen vorkommen. Wer die Qualität seiner Ernährung mit Hilfe von Pflanzen verbessern oder natürliche Heilmittel gewinnen will, sollte sich ausführlich mit Kräutern und Co. beschäftigen. Dann wird der Nutzen groß sein.

Gewächse mit starkem Wurzelwuchs brauchen schnell einen größeren Kübel. Erkundigen Sie sich beim Fachpersonal in Gärtnereien, welche Topfgröße am besten geeignet ist.

Nachhelfen durch Düngen

Wie schon gesagt, steht jede Pflanze fest an ihrem Platz. Dieser ist bei Kübelpflanzen sehr eingeschränkt. Deshalb ist es wichtig, dass Sie die Erde hin und wieder mit Nährstoffen versorgen. Sonst ist der Boden bald so arm, dass keine Energie mehr daraus gezogen werden kann. Stickstoff, Phosphor, Magnesium, Kalium und Spurenelemente sollten in unterschiedlicher Gewichtung in einem Dünger enthalten sein. Düngestäbchen oder Flüssigdünger sind besonders anwendungsfreundlich. Generell gilt:

- Je nach Wachstumsphase und Pflanzenart die Dosierung variieren.
- Lieber etwas weniger als zu viel düngen.
- Niemals Dünger auf den trockenen Wurzelballen geben.
- Nicht in voller Sonne düngen.
- Hat die Pflanze wenig Licht, darf auch nur sparsam gedüngt werden.
- Es gibt Allrounddünger. Achten Sie aber auf die unterschiedlichen Bedürfnisse einzelner Pflanzen, und wenden Sie entsprechend verschiedene Düngersorten an.
- Halten Sie sich an die Dosierungsvorschriften auf den Packungen.

Düngen ersetzt nicht das Umtopfen

Irgendwann ist die verhältnismäßig kleine Menge Erde, die in einem Blumentopf Platz findet, ausgebeutet. Selbst mit noch so gut zusammengesetzter Pflanzennahrung können Sie diesen Zustand nicht

10

ausgleichen. Denken Sie also daran, die Erde nach Bedarf komplett auszutauschen. Und gönnen Sie dem Gewächs auch mal einen neuen Behälter, wenn die Wurzeln sich für den alten zu weit ausgebreitet haben.

Heilwirkungen von Pflanzen

Informieren Sie sich mit Hilfe von Seminaren oder der in großer Zahl angebotenen Literatur über Ernte, Inhaltsstoffe und Anwendung verschiedenster, am besten heimischer Pflanzen. Sie werden staunen, wie kostengünstig und wenig zeitintensiv Sie damit einen guten Beitrag zu Ihrer Gesundheit leisten können. Es würde an dieser Stelle den Rahmen sprengen, Sie ausführlich mit dem Bereich der Nutz- und Heilpflanzen vertraut zu machen. Deshalb hier nur einige Beispiele.

● Bohnenkraut: Man verwendet das blühende Kraut ohne die Wurzeln. Ein Tee daraus regt die Verdauung an und bekämpft Blähungen.

● Brennnessel: Die Blätter werden vor allem im Juni und Juli (mit Handschuhen!) geerntet. Enthalten sind u. a. Mineralsalze und Vitamine. Die Wirkung auf den gesamten Stoffwechsel macht die Brennnessel zur idealen Teepflanze für Kuren.

● Fenchel: Vor allem das ätherische Öl, das als Hustenmittel oder zur Linderung von Blähungen bekannt ist, macht ihn so wertvoll.

● Gänseblümchen: Blätter und Blüten werden am besten Ende Juni gesammelt und frisch oder getrocknet verwendet. Bitter- und Gerbstoffe sowie ätherisches Öl regen den Stoffwechsel an.

● Holunder: Holunderbeeren enthalten viele Vitamine sowie Kalium, Kalzium, Magnesium und Eisen. Knochenbau und Nervensystem profitieren von dem Verzehr. Achtung: Nicht roh essen!

● Löwenzahn: Vor allem die Bitterstoffe sind neben dem Vitamin- und Mineralstoffreichtum interessant. Sie regen den Appetit an und fördern die Verdauung.

● Pfefferminze: Das im ätherischen Öl enthaltene Menthol ist in erster Linie für die positive Wirkung der Pflanze verantwortlich. Der Tee hilft schnell bei Übelkeit und Magen- und Darmbeschwerden.

Auch »Unkraut« kann schmackhaft und sehr gesund sein. Selbst Pflanzen können davon profitieren. Eine aus Brennnesseln hergestellte Jauche kann, entsprechend verdünnt, im Garten als Dünger ausgebracht werden. Zudem stärkt sie die Widerstandskraft der Gewächse.

Wahl des Standortes

Die Entscheidung, welche Pflanze man sich für die eigene Wohnung oder für den Arbeitsplatz aussucht, sollte mit Bedacht getroffen werden. Schließlich geht es um das eigene Wohlergehen und das der Pflanze. Ganz wichtig ist dabei die Antwort auf die Frage, an welchem Ort die Pflanze stehen und leben soll. Wo findet sich der optimale Standort? Zum einen geht es darum, die besten Wachstumsbedingungen zu erfüllen. So fühlt sich ein Farn in einem feuchtwarmen und hellen Badezimmer ausgesprochen wohl. Zum anderen ist aber auch die Wirkung auf den Menschen von Bedeutung. Soll eine Pflanze nur Zierde sein oder etwa die Schadstoffe in Ihrem Arbeitsraum mindern? Und noch etwas sollten Sie bedenken: Jedes Gewächs hat eine bestimmte Wirkung. So kann eines beruhigend und stabilisierend auf die Nerven wirken, das andere hingegen Fröhlichkeit und Aktivität hervorrufen.

Schlägt bei Ihren Pflanzen auch die beste Pflege nicht an? Versuchen Sie es mal mit einem jeweils anderen Standort. Vielleicht brauchen sie andere Lichtverhältnisse und Temperaturen.

Verschiedene Aspekte

Es geht also um die Fragen »Welche Bedürfnisse hat die Pflanze?« und »Wie kann sie mir den besten Nutzen bringen?«. Um optimale Bedingungen zu schaffen, muss man wissen, wie viel Licht, Feuchtigkeit und Wärme die Pflanzen benötigen. Die unterschiedlichen Räume Ihrer Wohnung oder Ihres Hauses bieten ganz verschiedene Lebensbedingungen an. Deshalb können Sie auch den umgekehrten Weg gehen. Betrachten Sie die jeweiligen Gegebenheiten der Zimmer, und schauen Sie dann, welche Art damit jeweils zurechtkommt.

Raumbedingungen für Pflanzen

Wenn ein Standort nicht ausreichendes Licht bietet, kann man mit speziellen Lampen nachhelfen. Bedenken Sie aber, dass diese zuweilen den ganzen Tag brennen müssen und dabei viel Strom verbrauchen.

Schlafzimmer

Oft sind Schlafzimmer nur schwach beheizt. Sie können hell oder schattig sein. Generell kommen hier subtropische Arten gut klar, denn sie kennen den Wechsel zwischen warmen Temperaturen im Sommer und kühlen im Winter und einigen Stunden mit viel oder mäßigem Licht.

Wohnzimmer

Meist bieten Wohnräume über das ganze Jahr ziemlich gleichmäßige Temperaturen. Dass es nachts kälter ist, weil die Heizung in fast allen Haushalten zur Nacht runter- und in den Morgenstunden wieder hochregelt, stört kein Gewächs. Es entspricht dem Tag-Nacht-Wechsel im Freien. Pflanzen, die kühl überwintern möchten, sind im Wohnzimmer als Dauergast nicht gut aufgehoben. Sie müssen für solche Arten einen Winterplatz bereithalten. Ansonsten gilt: Jede Pflanze kann ihren Standort finden. Entscheiden Sie je nach direktem Lichteinfall, welche Sorte Sie wie platzieren. Das gilt besonders, wenn Sie einen ständig genutzten Wintergarten haben. Pralle Sonne tut nur einigen Gewächsen gut.

Flur

Oft gibt es im Hausflur nur wenig Licht. Ist er dazu noch schwach beheizt, empfehlen sich tropische oder subtropische Arten, die in Bergwäldern zu Hause sind. Auch ist zu berücksichtigen, dass es im Flur manchmal sehr zugig sein kann, da die Haustüre oft geöffnet wird.

Badezimmer

Häufig herrschen in Bädern ähnliche Bedingungen wie in Wohnräumen. Die Temperatur liegt oft sogar noch höher. Wenn in kleinen Bädern häufig geduscht oder gebadet wird oder oft Wäsche zum Trocknen aufgehängt ist, kann die Feuchtigkeit extrem ansteigen. Pflanzen aus dem tropischen Regenwald, wie bestimmte Farne oder Orchideen, können dann die geeigneten Bewohner sein. Die Pflanze sollte aber einen festen Platz bekommen und nicht etwa bei jedem Lüften erst einmal von der Fensterbank genommen werden müssen.

Bedenken Sie, dass ein grünes Gewächs im Flur vielem Hin und Her ausgesetzt ist. Nicht alle Pflanzen mögen das.

13

Sehr wichtig ist es, einen idealen Standort für jede Pflanze zu finden, aber noch wichtiger sind dann die Zeit und Fürsorge, die man aufwendet, um sie zu pflegen.

Die Wohnung der Pflanze

Wenn der optimale Standort gefunden ist, muss noch der richtige Topf her. Außerdem sollte die Umgebung auf den neuen Bewohner eingerichtet werden. Die Auswahl des Pflanzgefäßes ist nicht schwer und richtet sich in erster Linie nach Ihrem Geschmack und der Einrichtung, zu der es passen soll. Zur besseren Platzierung kann zusätzlich die Anschaffung einer Blumenbank oder -treppe erforderlich werden, um beispielsweise den Kübel hoch genug zu setzen, dass die darin lebende Pflanze genügend Licht bekommt. Auch bei Hängepflanzen sind besondere Möbelstücke sinnvoll, wenn auf der Fensterbank kein Platz mehr ist oder die Sonne dort beispielsweise zu heftig hereinscheint.

Achten Sie bei der Wahl der Übertöpfe und Auffangschalen auf eine zur Blütenfarbe der Pflanze passende Farbe. Schließlich sollen Sie sich beim Anblick Ihres Blumenfensters auch immer erfreuen.

Auch Pflanzen lieben die Freiheit

Darüber hinaus ist es ganz wichtig, dass Sie dem Gewächs genügend Raum lassen oder ihm die richtigen Nachbarn zur Seite stellen. Es gibt Arten, die es nicht mögen, wenn ihre Blätter oder Zweige die Wand, ein Möbelstück oder eine andere Pflanze berühren. Achten Sie darauf, dass diese Exemplare allein stehen. Auch bei den Gewächsen, die im Freien zu stattlichen Bäumen heranwachsen, sollte ausreichend Entfaltungsmöglichkeit bestehen. Zwar bleiben Pflanzen, die im wahrsten Sinn des Wortes schnell an ihre Grenzen stoßen, einfach kleiner und gehen deshalb nicht zwangsläufig ein. Viel schöner ist es aber, wenn die jeweilige Art auch im Haus nahezu so aussieht wie draußen in freier Natur. Fehlt Ihnen also der Platz, bevorzugen Sie doch Sorten, die ohnehin kleinwüchsig sind.

Und sie brauchen passende Nachbarn

Noch ein Wort zur Nachbarschaft. Gleich, im Kapitel über die Lehre von Feng Shui (siehe Seite 16 ff.), werden Sie sehen, dass jede Pflanze von einem Energiefeld umgeben ist. Die Energien können sich verstärken, wenn mehrere Pflanzen, die zueinander passen, auch beieinander stehen. Umgekehrt vertragen sich einige Arten nicht gut miteinander. Als Faustregel gilt: Die Sorte, die durch starken Wuchs, kräftigen Stamm oder Stacheln und Widerhaken dominant wirkt, möchte eher allein sein. Kleine gefällige Arten, die ganz und gar lieblich wirken, können in aller Regel in Gruppen arrangiert werden.

Pflanzenplatzierung für Ihr Wohlbefinden

Wenn Sie die letzten Seiten gelesen haben, haben Sie vielleicht den Eindruck gewonnen, Sie seien der Sklave Ihrer Gewächse. Sie müssen sich informieren, welche Art welche Bedürfnisse mitbringt, und müssen dann Ihre Wohnung so gestalten, dass es dem Grünzeug gut geht. Das ist tatsächlich nicht ganz falsch. Die Alternative wäre doch, aufs Geratewohl Büsche und Blumen aufzustellen und abzuwarten, ob diese an dem aus optischen Gründen gewählten Platz überleben. Aber so geht es nun mal nicht, und die Alternative ist in Wirklichkeit keine. Schließlich stehen immer das Geben und das Nehmen im Vordergrund. Machen Sie sich also ruhig die kleine Mühe. Gedeihende und blühende Pflanzen danken es Ihnen. Und Sie müssen nicht immer verkümmerte Exemplare gegen neue teure austauschen. Oft macht es auch viel Spaß, selbst neue Pflanzen zu ziehen und über Wochen hinweg mitzuerleben, wie sich aus unscheinbaren Samen kleine Pflanzen entwickeln.

Mit einer schönen Handschrift kann man die Pflegehinweise der jeweiligen Art auf schlichte Terrakottatöpfe schreiben. So muss man nicht immer erst mühsam in Pflegeanleitungen nachlesen.

15

Die Lehre von Feng Shui

Betrachten wir nun die Platzwahl unter dem Aspekt menschlichen Wohlbefindens. Unterschätzen Sie den Einfluss Ihrer Umgebung auf Ihre Seele nicht! Es gibt Menschen, die unproduktive Büroarbeit leisten, wenn ihr Schreibtisch überquillt vor lauter unbearbeiteter Post und u. Ä. Umgekehrt fühlen sie sich innerlich aufgeräumt, wenn Schreibtisch und Büro ebenfalls geordnet und aufgeräumt sind. Geht es Ihnen auch so? Dieses Beispiel zeigt, wie stark Äußerlichkeiten unser Unterbewusstsein beeinflussen können. Nehmen Sie dieses als Grundlage, und lassen Sie sich auf eine für den westlichen Menschen fremde Art des Wohnens ein: auf das Wohnen mit der Harmonie von Feng Shui.

Was verbirgt sich hinter Feng Shui?

Im Grunde steht hinter der alten chinesischen Lehre genau das, was Sie zuvor gelesen haben: nämlich dass der Mensch ein Teil seiner Umwelt und engeren Umgebung ist. Als solcher ist er, wenn auch vielleicht unbewusst, in ein Feld eingebunden, das aus anderen Lebewesen, Gedanken, Gefühlen, aber auch Gegenständen besteht. Mit der Art, wie sich jemand einrichtet, verrät er viel über sich selbst, über Persönlichkeit, aber auch über eine aktuelle Lebenssituation.

Das Umfeld wirkt auf uns ein

Feng Shui dreht das eben Gesagte einfach um. Wenn Sie aufgrund von persönlichem Pech, Krankheit oder Misserfolg Ihren Wohnraum in ganz bestimmter Art und Weise gestalten, kann durch Veränderung Ihrer Umgebung auch Misserfolg in Erfolg, Pech in Glück und Krankheit in Gesundheit gewandelt werden. Natürlich kann eine neue Wohnung nicht heilend wirken, doch das Wohlbefinden verbessern.

Wenn Sie nach einem Schicksalsschlag oder einem krassen Einschnitt in Ihr Leben plötzlich Möbel verrücken, andere Bilder aufhängen oder gar umziehen, hat das nicht nur damit zu tun, dass Sie Vergangenes vielleicht vergessen wollen. Sie sind dann auch auf der Suche nach Harmonie.

16

Die Lebensenergie

Der Begriff »Energie« ist in diesem Buch beherrschend. In der Lehre des Feng Shui spielt er ebenfalls eine bedeutsame Rolle. Die Frage ist, ob ausreichend universelle Lebenskraft, das so genannte Chi, vorhanden ist. Ist das der Fall und kann sich diese Kraft gleichmäßig in Ihrer Wohnung verteilen, so werden Sie und andere, die sich in Ihren Räumlichkeiten aufhalten, sich dort auch wohl fühlen.

Die fünf Elemente

In der chinesischen Weltanschauung spielen die so genannten fünf Elemente eine große Rolle. Sie sind nicht mit unseren vier Elementen Feuer, Luft, Wasser und Erde vergleichbar, obwohl sie teilweise sogar gleiche Bezeichnungen haben. Doch in der westlichen Welt ist damit in erster Linie der tatsächliche Zustand von Materie gemeint. Erst in zweiter Linie verbinden wir mit den Elementen auch Eigenschaften. Bei den fünf Elementen der Chinesen geht es um die geistige Bedeutung. Holz, Feuer, Metall, Erde und Wasser bezeichnen unterschiedliche Energien und den Bezug, in dem sie zueinander stehen.

Es ist nicht möglich und sinnvoll, an dieser Stelle eine umfassende Einführung in die hohe Kunst des Feng Shui zu geben. Ganz grob sollten Ihnen aber die Grundlagen vertraut sein, damit Sie die Energien verschiedener Pflanzen aus der Sicht des Feng Shui nachvollziehen können. Den fünf Elementen werden auch Pflanzen zugeordnet. Deshalb sei hier kurz auf die Bedeutung der einzelnen Elemente eingegangen.

Die fünf Elemente stehen im direkten Zusammenhang mit dem Zyklus der Schöpfung von Entstehen zu Vergehen.

Holz

Die Jahreszeit dieses Elements ist der Frühling, die Himmelsrichtung ist Osten. Starke, biegsame Grünpflanzen mit hohem Wuchs finden sich unter den Holzpflanzen. Überhaupt steht die sternenförmige Energie von Holz für Wachstum.

Feuer

Der Sommer und die Himmelsrichtung Süden gehören zum Element Feuer. Zugeordnete Pflanzen sind oft scharfkantig, die Blätter spitz. Häufig ist hier die Farbe Rot. Das Feuer symbolisiert alles nach oben Strebende. Auch die persönliche Weiterentwicklung ist damit gemeint.

Erde

Dem Element Erde ist der Spätsommer zugeordnet. Eine entsprechende Himmelsrichtung gibt es nicht. Dafür steht Erde für die Mitte, die Zentrierung. Erdpflanzen sind meist flache Exemplare. Die Farben Gelb, Braun und Orange dominieren. Die Energie der Erde ist ausgleichend.

Metall

Das Element steht in Verbindung mit dem Herbst und der Himmelsrichtung Westen. Unter den Metallpflanzen findet man viele runde Arten. Im Feng Shui steht Metall für Macht. Seine Energie ist extrem stark.

In der Lehre von Feng Shui vernichtet Wasser Feuer. Und es wird benötigt, damit Holz wachsen kann.

Wasser

Das letzte Element schließlich ist dem Winter zugeordnet. Seine Himmelsrichtung ist Norden. Dunkle Pflanzen in unregelmäßigen Formen finden sich hier wieder. Im Feng Shui symbolisiert Wasser Reichtum. Es zieht sowohl kosmische Lebensenergie als auch Sauerstoff an.

Yin und Yang

Für Sie ist interessant, zu welchem Elementetyp Sie gehören, um entsprechend »Ihrer« Himmelsrichtung Bett oder Schreibtisch ausrichten zu können. Fachbücher vertiefen das Thema. Hier sei nur gesagt, dass ein Ausgleich der fünf Elemente in Ihrem nahen Umfeld besonders wichtig ist. Ebenso, wie die weiblichen und männlichen Kräfte Yin und Yang, also Weichheit und Härte, Mond und Sonne, Tal und Berg, Passivität und Aktivität, stets im Gleichgewicht sein sollten, sollen auch Metall, Erde, Feuer, Wasser und Holz stets in einem ausgewogenen Verhältnis zueinander stehen. Ein Defizit oder Überschuss bringt Unwohlsein.

Bagua-Zonen – die neun Lebensbereiche

Die Lehre des Feng Shui teilt jede Wohnung in neun Zonen ein. Jede dieser Zonen ist einem Lebensbereich zugeordnet. Ist der Grundriss Ihrer Wohnung viereckig, sind alle Bereiche vorhanden. Wo sie liegen, können Sie leicht feststellen: Zeichnen Sie die Außenmauern Ihres Wohnungsgrundrisses auf ein Transparentpapier, und unterteilen Sie das entstandene Viereck durch zwei Quer- und zwei Längsstriche in neun gleiche Kästchen. Der Eingangsbereich liegt links unten. Beschriften Sie die Kästchen jeweils von links nach rechts.

- Obere Reihe: »Reichtum«, »Ruhm«, »Partnerschaft«
- Mitte: »Familie«, »Tai Chi«, »Kinder«
- Untere Reihe: »Wissen«, »Karriere«, »Hilfreiche Freunde«

Pflanzen zeigen Problembereiche auf

Unordnung in einem Bereich der Wohnung deutet grob gesagt auch darauf hin, dass in dem entsprechenden Lebensbereich etwas aus dem Gleichgewicht gekommen ist. Pflanzen können Ihnen helfen, Problembereiche zu erkennen. Gedeiht in einer bestimmten Zone kein Gewächs, so sollten Sie nach der chinesischen Lehre unbedingt in diesem Bereich Ihres Lebens etwas ändern.

Außerdem wichtig: Es gibt bestimmte Pflanzen, die für die jeweiligen Zonen optimal oder eben ungeeignet sind. Hier sind wir wieder beim Thema der Standortwahl. Suchen Sie für jede Bagua-Zone auch das Gewächs aus, das dort einen guten Einfluss ausüben kann. Einige Beispiele finden Sie in einem späteren Abschnitt. Interessant ist, dass es Pflanzen gibt, die von jeher bestimmte Eigenschaften symbolisieren. Diese sind in der entsprechenden Zone auf jeden Fall richtig. So steht das Vergissmeinnicht beispielsweise für Treue. Es bietet sich für die Partnerschafts-, aber auch für die Familienzone an. Klee steht für Glück. Die Rose trifft das Gefühlszentrum und steigert die Liebesfähigkeit. Überlegen Sie selbst, wo Sie was am liebsten fördern möchten.

Gibt es in Ihrem Haus einen Raum, der immer unordentlich ist? Feng Shui sagt Ihnen, was das zu bedeuten hat.

19

Gut gepflegte Haustiere, Pflanzen und auch Aquarien sind die besten Lebensenergiequellen für jede Wohnung und die Menschen, die in ihr wohnen.

Lebensenergie zum Fließen bringen

Wenn Sie sich keine Gedanken gemacht haben, welche Pflanzen und/oder Tiere in Ihrer Wohnung leben können, gehen diese womöglich ein. Es ist auch keine Alternative, diese auszusortieren und nachzukaufen, denn auch die neuen Pflanzen werden an den falschen Orten nicht lange überleben.

Nach der Lehre des Feng Shui ist also ausschlaggebend, dass Energie in Ihren vier Wänden fließen kann und unterschiedliche Energieformen im Einklang sind. Um das zu erreichen, gibt es gute Helfer: Pflanzen, Tiere und Aquarien. Alles Lebende produziert ständig neue Lebensenergie und ist daher von Vorteil. Besonders Ecken haben meist nur wenig »Chi«. Dort kann man gut ein Aquarium platzieren. Bei Pflanzen müssen Sie in dem Fall Sorten wählen, die mit wenig Licht auskommen, denn das ist in Ecken oft zu knapp bemessen. Und bedenken Sie immer: Die Pflanze, die Ihnen Energie spenden soll, muss sich selber wohl fühlen!

Auch Tiere müssen sich wohl fühlen

Hund oder Katze wertet die Vitalenergie eines Hauses erheblich auf. Bevor man sie anschafft, muss jedoch sichergestellt sein, dass genug Zeit für sie da ist. Tiere wollen beschäftigt werden. Auch Fische brauchen Pflege. Ein Aquarium ist in den Augen der Chinesen ein wahres Kraftwerk für Lebensenergie, denn es vereint bewegtes Wasser mit Pflanzen und Tieren. Es ist nicht leicht, diesen Minikosmos gesund zu erhalten.

Kübelpflanzen, die Energie ausstrahlen

Hier lernen Sie Kübelpflanzen aus der Sicht des Feng Shui kennen. Sie erfahren, in welcher Zone sie ihre Wirkung voll oder nur beschränkt entfalten können, welche Energien sie ausstrahlen und kurz welche Pflege sie benötigen. Bücher über Zimmerpflanzen und Gärtnereien können die Vorauswahl erleichtern. Sehen Sie sich nach den Arten um, die Ihnen »aus dem Bauch heraus« sympathisch sind. Welchen Busch und welche Blume finden Sie schön? Erst nach der Vorauswahl sollten Sie hier nachlesen, dann Ihre Kaufentscheidung treffen und den Standort wählen.

Agave *(Agave)*

Die Feuerpflanze stärkt die Energie des Menschen und anderer Pflanzen. Allerdings ist es nicht ganz unproblematisch, sie richtig zu platzieren. Ihre extrem spitzen, stacheligen Blätter verbieten es, sie etwa in Fluren aufzustellen, wo man dicht an ihnen vorbeigehen muss. Auch Orte, wo die Agave direkt neben einem Menschen steht, sind ungeeignet, etwa ein Arbeitsplatz oder das Bett. Um ihre positive Energie entfalten zu können, sollte die Agave viel Raum und einen großen Kübel um sich herum haben. Für die Zone »Ruhm« ist sie ideal. Für die Bereiche »Wissen«, »Tai Chi« und »Partnerschaft« dagegen ist sie nicht ratsam.
● Pflegetipp: Die Agave benötigt viel Sonne, aber nur mäßig Wasser. Sie ist übrigens bestens geeignet, um Elektrosmog zu bekämpfen.

Aloe *(Aloe)*

Die Brandaloe oder Tigeraloe gehört zu den Metallpflanzen. Sie wirkt in mehrerlei Hinsicht reinigend auf andere Lebewesen: Sie harmonisiert deren Energiefelder und kann Elektrosmog den Schrecken nehmen. Sowohl für die Bagua-Zone »Kinder« als auch für »Hilfreiche Freunde« ist die Aloe optimal geeignet. Dort sorgt sie dafür, dass Selbstheilungskräfte gestärkt werden. Auch für alle anderen Bereiche ist sie geeignet.
● Pflegetipp· Aloe braucht einen sehr sonnigen Platz, wenig Wasser, vor allem im Winter, im Sommer zuweilen Kakteendünger.

Aus der Sicht des Feng Shui können Pflanzenarten eine ganz andere Bedeutung haben, als sie später in diesem Buch unter den »Pflanzenporträts« (siehe Seite 54ff.) beschrieben wird.

Alpenveilchen *(Cyclamen persicum)*

Ein Klassiker unter den blühenden Zimmerpflanzen. Dem Feng Shui entsprechend ist das Alpenveilchen dem Element Metall zugeordnet. Es reinigt seine Umgebung. Wie viele Metallpflanzen kann auch das Alpenveilchen in allen Bagua-Zonen bedenkenlos aufgestellt werden. Ideal steht es in der »Kinder«-Zone oder im Bereich »Hilfreiche Freunde«.

● Pflegetipp: Die Pflanze wünscht sich einen luftig kühlen Platz mit Helligkeit, aber ohne direkte Sonne, z. B. ein Schlafzimmer.

Birkenfeige *(Ficus benjamina)*

Die Birkenfeige ist wohl die »prominenteste« unter den Ficus-Arten. Sie ist eine wunderbare Vermittlerpflanze aus dem Element Metall und hilft, Hoffnungslosigkeit zu vertreiben. Für die Zonen »Kinder« und »Hilfreiche Freunde« ist sie bestens geeignet. In die Bereiche »Wissen«, »Karriere« und »Tai Chi« sollten Sie keine Birkenfeige stellen. Übrigens sagen die Chinesen, dass der stattliche Busch mit seinen Blättern negative Energien aus der Luft filtert. Sie sollten daher abgeworfene Blätter gleich beseitigen, da diese angeblich mit negativen Energien angefüllt sind.

● Pflegetipp: Die Birkenfeige mag es sehr hell, aber nicht sonnig. Sie verträgt Zimmertemperatur gut, kann es durchaus auch etwas kühler haben. Wichtig ist, dass die Wurzel nicht zu stark auskühlt. Gegossen wird nur mäßig. Staunässe ist unbedingt zu vermeiden. Eine höhere Luftfeuchte ist dagegen positiv. Sie verträgt keine direkte Zugluft.

Birkenfeige und Dattelpalmen können sehr groß werden. In einem botanischen Garten auf Sri Lanka steht eine Birkenfeige mit mehreren Quadratmetern Schattenfläche. Und selbst eine Zwergdattelpalme wird bis zu zwei Meter groß.

Dattelpalme *(Phoenix canariensis)*

Von den über 3000 Palmenarten ist die Dattelpalme ein besonders schönes Exemplar. Frischverliebte sollten sie in die erste gemeinsame Wohnung stellen, denn die Feuerpflanze hält die Liebe jung. Sie reinigt das Energiefeld von belastenden Einflüssen. In jedem Raum des Hauses kann sie positiv wirken.

● Pflegetipp: Sie liebt einen hellen Platz, an dem sie aber nicht der vollen Sonne ausgesetzt ist. Ähnlich ist ihr Wasserbedarf. Die Wurzel sollte stets feucht, aber nie nass sein. Ein warmer feuchter Platz ist optimal.

Drachenbaum *(Dracaena fragans)*

Mit ihrem dicken Stamm und den breiten grün gestreiften Blättern erinnert diese Erdpflanze an eine Palme. Der Drachenbaum sorgt für Harmonie im Zimmer. Stellen Sie ihn in die Zonen »Partnerschaft«, »Wissen« und »Tai Chi«. Auch in den anderen Bagua-Bereichen wirkt er harmonisierend, ausgenommen ist allerdings der »Karriere«-Bereich.

● Pflegetipp: Der Drachenbaum ist ein Einzelgänger. Er steht nicht gerne dicht gedrängt mit anderen Arten. Sein Standort sollte hell, aber nicht vollsonnig sein. Gegossen wird so, dass weder Staunässe noch Trockenheit entsteht. Topfen Sie den Baum alle zwei Jahre in frische Erde um. Verzichten Sie auf Blattglanzsprays, diese mögen Drazänen gar nicht.

Fensterblatt *(Monstera deliciosa)*

Die Wirkung dieser Erdpflanze auf den Menschen ist phänomenal. Sie stärkt und sorgt für Harmonie in der Beziehung. Allerdings braucht sie dafür Ruhe. Stellen Sie das Fensterblatt daher möglichst nicht im Flur oder im Eingangsbereich auf. In fast allen Bagua-Zonen kann es gut wirken. Nur in der »Karriere«-Zone sollten Sie darauf verzichten. Für »Wissen«, »Tai Chi« und »Partnerschaft« empfiehlt es sich besonders.

● Pflegetipp: Das Fensterblatt ist eine Schlingpflanze und bildet ausgesprochen lange Triebe und Luftwurzeln. Sorgen Sie dafür, dass ein stabiles Klettergerüst oder ein Epiphytenstamm zur Verfügung steht. Der Standort sollte hell sein. Halbschatten und sogar Schatten verträgt das Fensterblatt auch, allerdings keine pralle Sonne. Gießen Sie nur mäßig. Dafür mag die Pflanze es, wenn ihre großen Blätter hin und wieder sanft besprüht und regelrecht abgewaschen werden. Achtung: Die Luftwurzeln niemals abschneiden oder verletzen!

Mit ihren großen geschlitzten Blättern können Fensterblätter extrem groß werden und benötigen viel Platz. Bedenken Sie dieses Argument bei der Standortwahl.

Flamingoblume *(Anthurium)*

Die kolbenförmige Blüte und das orange oder rote Hochblatt lassen erkennen, dass man es hier mit einer Feuerpflanze zu tun hat. Sie stärkt das energetische Umfeld des Menschen. In der Zone »Ruhm« ist sie deshalb besonders gut aufgehoben. Für »Wissen« allerdings ist sie nicht geeignet.

23

● Pflegetipp: Die Flamingoblume mag es hell, aber nicht ausgesprochen sonnig. Sie sollte feucht gehalten werden. Allerdings darf sich die Nässe nicht stauen. Und beachten Sie unbedingt, dass diese Art keinen Kalk im Wasser verträgt. Außerdem wichtig: Die Blüte beim Gießen nicht benetzen. Sie reagiert auf den Kontakt mit Wasser mit braunen Flecken.

Fleißiges Lieschen *(Impatiens)*

Die Blühpflanze gehört zum Element Holz. Sie ist eine Vermittlerpflanze, die Energien aller Lebewesen aktivieren kann. Gern steht sie mit anderen Gewächsen zusammen. Mit Springkraut und Balsamine, Geschwistern ihrer botanischen Familie, kann man hübsche Arrangements kombinieren. Am besten kann die Pflanze ihre Vermittlerqualität in der »Familien«-Zone entfalten. Für das »Tai Chi« ist sie nicht gut geeignet.
● Pflegetipp: Das Fleißige Lieschen ist sehr durstig. Der Standort sollte sonnig bis halbschattig sein.

Ginster ist ein froher Frühlingsbote. Mit seinen kleinen leuchtend gelben Blüten erheitert er die Gemüter aller, die ihn anschauen.

Ginster *(Genista)*

Diese Metallpflanze erfreut sich vor allem als Strauch in freier Natur großer Beliebtheit. Aber auch als Kübelpflanze macht Ginster etwas her. Er vertreibt Traurigkeit und Hoffnungslosigkeit und vermittelt bei Unstimmigkeiten zwischen den Menschen. Stellen Sie ihn überall bedenkenlos auf, vor allem in der Zone »Hilfreiche Freunde«.
● Pflegetipp: Ginster braucht viel Platz, sehr viel Sonne und wenig Wasser. Gießen Sie sparsam, und vermeiden Sie Staunässe.

Haworthie *(Haworthia)*

Die aus Südafrika stammende Erdpflanze ist ein wahrer Exot unter den Grünpflanzen und lässt das Herz von Sukkulentenliebhabern höher schlagen. Wenn Ihre Zimmerpflanzen von Krankheiten befallen sind, stellen Sie doch einmal eine Haworthie zu ihnen. Sie wird die Energie der anderen Arten stärken und deren Heilungsprozess ankurbeln. Auch für die Energiefelder des Menschen ist sie eine Wohltat, und das in allen Zonen. Besonders gut wird sie Ihnen allerdings in den Bereichen »Wissen«, »Partnerschaft« und »Tai Chi« tun.

- Pflegetipp: Haworthien sind ausgesprochen pflegeleichte und zähe Gesellen. Geben Sie ihnen ein helles, warmes Plätzchen, ohne sie allerdings in die pralle Sonne zu stellen. Gießen Sie nur sparsam.

Hibiskus (Hibiscus rosa-sinensis)

Diese Pflanze gehört zum Element Feuer (in erster Linie abhängig von der Blütenfarbe). Bei ausreichendem Platz und guter Behandlung kann sie zu einem eindrucksvollen Busch von zwei Meter Höhe und mehr heranwachsen. Hibiskus stärkt und inspiriert Menschen. Die Wirkung kann sich je nach Blütenfarbe leicht unterscheiden. In allen Zonen kann sie ihre Wirkung entfalten, besonders aber im Bereich »Ruhm«.
- Pflegetipp: Die Tropenpflanze mag die volle Sonne und viel Wasser. Unterstützen Sie eine reichliche Blütenbildung, indem Sie sie regelmäßig düngen und zum Überwintern an einen kühlen Platz stellen.

Hortensie (Hydrangea)

Die wunderschön blühende Hortensie ist eine Vermittlerpflanze aus dem Element Holz. Sie liebt die Gesellschaft anderer Gewächse und unterstützt deren Kräfte. In allen Zonen entfaltet sie ihre positive Wirkung, am besten allerdings in den Bereichen »Familie« und »Reichtum«.
- Pflegetipp: Die Hortensie hat es gerne hell, will aber nicht in der vollen Sonne stehen. Sie braucht viel Wasser mit möglichst wenig Kalk.

Kapernstrauch (Capparis spinosa)

Der Kapernstrauch gehört zum Element Metall. Er ist sicher eine ungewöhnliche Zimmerpflanze. Seine Haltung lohnt jedoch in mehrfacher Hinsicht. Er stärkt die Energie des Menschen und wirkt ausgleichend. Fehlen Ihnen Ideen, sind Sie nicht kreativ? Dann sollten Sie von den inspirierenden Eigenschaften der Pflanze profitieren. Stellen Sie sie am besten in die Zonen »Hilfreiche Freunde« oder »Kinder«. In die Bereiche »Tai Chi«, »Wissen« und »Ruhm« gehört kein Kapernstrauch.
- Pflegetipp: Der Strauch kommt mit praller Sonne wunderbar zurecht. Gießen Sie ihn sparsam. Übrigens: Wenn Sie die Blütenknospen ernten, bevor diese sich öffnen, sind sie zum Verzehr geeignet.

Beim Kapernstrauch fällt die Entscheidung schwer: die Knospen zum Verzehr ernten oder die weißen Blüten entstehen lassen? Kapern sind gesund und eignen sich mit ihrem herb würzigen Geschmack zum Würzen von Speisen.

25

Lorbeer *(Laurus nobilis)*

Die Holzpflanze stärkt die Energie in einem Raum. Überschäumende Emotionen werden ausgeglichen. Der Lorbeer kann als Baum an einem Standort, an dem er sich wohl fühlt, sehr hoch werden. Deshalb sollte er an Plätzen aufgestellt werden, an denen es gefühlsmäßig hoch hergeht. Seine kräftigende Wirkung verbreitet er in allen Zonen, besonders in der »Reichtum«- und »Familien«-Zone. Übrigens ist es kein Zufall, dass viele Menschen einen Lorbeer neben die Tür stellen, denn dort herrschen nicht selten Energiebündelungen.

● Pflegetipp: Er braucht Licht, nicht aber die volle Sonne. Alle drei bis vier Tage sollte er gegossen werden.

Paradiesvogelblume *(Strelitzia reginae)*

Diese Kübelpflanze mit ihren exotisch anmutenden länglichen Blättern und den Blüten, deren vogelkopfähnliches Aussehen für den Namen ausschlaggebend ist, gehört keinem Element an. Sie ist vielmehr in die im Feng Shui als Pflanzen-Spezialisten bekannte Kategorie einzuordnen. Diese Gruppe vereinigt Gewächse mit besonderen Fähigkeiten. Ihre Wirkung ist vergleichbar mit der charismatischer Menschen. Die

Wie stolze Königinnen recken sich die Blüten der Paradiesvogelblume ins Licht. Sie wirken gleichzeitig elegant und anmutig.

Größere Arten des Lorbeers lassen sich mit etwas Geschick als Säulen, Pyramiden oder Kugeln formieren. Beachten Sie auch die gelblichen Blüten, die im April und Mai erscheinen und später Beeren entwickeln.

Paradiesvogelblume gehört dazu. Sie entfaltet ihre Eigenschaften in allen Zonen gut, mit Ausnahme der Bereiche »Ruhm« und »Tai Chi«. Die bedeutendste Wirkung der Vermittlerpflanze ist ihre erotisierende Fähigkeit. Sie fördert Sinnlichkeit und körperliche sowie geistige Liebe.
- Pflegetipp: Sie braucht einen sehr sonnigen Platz und einen möglichst großen Kübel. Ihr Wasserbedarf ist eher mäßig, Staunässe schädlich.

Topfheide *(Erica gracilis)*

Die gefällige Erdpflanze ist ein angenehmer Mitbewohner. Sie sorgt für Harmonie in den Energiefeldern ihrer Mitmenschen, aber auch in denen anderer Pflanzen. Besonders groß ist ihr Einfluss auf der geistigen Ebene. Düstere Stimmungen lassen sich mit ihr leichter vertreiben. Stellen Sie die Topfheide in den Bereichen »Partnerschaft« oder »Wissen« auf. Für die Bereiche »Karriere« und »Tai Chi« ist sie nicht empfehlenswert.
- Pflegetipp: Die kleine Topfpflanze fühlt sich auf einem sonnigen Balkon am wohlsten. Steht der nicht zur Verfügung bzw. wollen Sie nicht auf die günstige Wirkung in einer Zone Ihres Hauses verzichten, sollten Sie aber unbedingt dafür sorgen, dass die Heide sehr sonnig steht. Alle zwei bis drei Tage mit kalkfreiem Wasser gießen.

Usambaraveilchen *(Saintpaulia)*

Neben dem Alpenveilchen gilt auch das Usambaraveilchen als beliebte Metallpflanze. Es schafft eine angenehme Atmosphäre und harmonisiert. Für »Tai Chi« und »Karriere« sollten Sie das Veilchen allerdings nicht wählen. In allen anderen Bereichen, vor allem in den Zonen »Kinder« und »Hilfreiche Freunde«, entfalten Usambaraveilchen jedoch ihre angenehme Wirkung.
- Pflegetipp: Usambaraveilchen mögen keine direkte Sonne. Sie bevorzugen Halbschatten, kommen auch schon mal mit wenig Licht aus. Wärme brauchen sie dagegen immer. Achten Sie beim Gießen darauf, dass Sie niemals die Blüten treffen. Am besten geben Sie das möglichst weiche und zimmerwarme Wasser in den Übertopf, so dass es von den Wurzeln aufgenommen werden kann. Staunässe ist dabei allerdings unbedingt zu vermeiden. Sie führt meist zum Tod des Usambaraveilchens.

Im Freien gehört die Heide zu den ersten Frühlingsboten. Man kann sie auch in Töpfen halten und somit eine Augenfreude ins eigene Haus bringen.

Zierananas *(Ananas)*

Die Energie dieser Feuerpflanze gleicht aus und inspiriert. Zierananas kommt mit störenden Energiefeldern gut zurecht, sie gedeiht etwa trotz des Einflusses von Wasseradern. Sie neutralisiert solche Energiefelder und befreit den entsprechenden Raum von belastenden Wirkungen. Man kann sie überall aufstellen, besonders gut im Bereich »Ruhm«.

● Pflegetipp: Die Zierananas möchte sonnig bis halbschattig stehen. Sie sollte am besten täglich gegossen werden.

Eine Zierananas zieht immer die Blicke auf sich. Verschenken Sie sie mal als schöne Alternative zum Blumenstrauß.

Zimmerazalee *(Rhododendron simsii)*

Die prächtige Blühpflanze gehört zu den über 800 bekannten Rhododendronarten und ist dem Element Metall zugeordnet. Auf die Energiefelder ihrer Artgenossen wirkt sie harmonisierend. Es ist also nie verkehrt, eine Zimmerazalee zu einer Pflanzengruppe zu stellen, bei der Sie nicht sicher sind, ob die Kombination besonders passt. Die Azalee verlangt auch menschlichen Zuspruch. Fehlt der, wirft sie ihre prachtvollen rosa oder roten Blütenblätter ab. In der »Kinder«-Zone ist sie gut aufgehoben. Im Bereich »Tai Chi« hat sie nichts zu suchen.

● Pflegetipp: Der Standort sollte ein frischer, luftiger Platz im Halbschatten sein. Sie mag kein kalkhaltiges Wasser. Der Ballen sollte immer ein wenig feucht gehalten werden. Staunässe ist aber unbedingt zu vermeiden. Nur im Sommer dürfen Sie kräftiger gießen. Abgeblühtes ist regelmäßig auszubrechen. Besonders gut tut es dieser Art, wenn sie etwa alle zwei Jahre in spezielle Rhododendronerde umgetopft wird.

Die Macht der Farben

Bei den fünf Elementen haben Sie gesehen, dass jedem Element Farben zugeordnet sind. Wenn Sie die vorgestellten Pflanzen anschauen, werden Sie feststellen, dass auch sie jeweils einem Element angehören. Nicht selten haben die Pflanzen Blüten oder Blätter in einer der Farben.

Was ist Farbe überhaupt?

Physikalisch betrachtet und einfach ausgedrückt, handelt es sich bei Farben um unterschiedlich lange Lichtwellen. Licht hat nach Auffassung der chinesischen Feng-Shui-Lehre die Eigenschaft, das »Chi«, also die Lebensenergie, zu verstärken und neues zu erzeugen. Deshalb wird auch empfohlen, die Energie eines Raumes mit kleinen Lampen oder Kerzen aufzuwerten, die vor allem in dunkle Ecken gestellt werden. Da es sich bei Farben im Grunde auch um Licht handelt, haben Farbtupfer in düsteren Ecken eine ähnliche Wirkung. Auch sie verstärken das Energiefeld. Allerdings bringen nicht alle Farben das gleiche Ergebnis. Blau, Grün und die Pastellfarben dämpfen beispielsweise, während Türkis, Gold und Rot die Energie kräftigen. In erster Linie muss Ihnen Ihre Umgebung gefallen. Wählen Sie daher keine Pflanze mit einer Blütenfarbe aus, die Sie verabscheuen, auch dann nicht, wenn laut Feng Shui diese Farbe für einen bestimmten Raum oder Ihre spezielle Situation richtig ist. Oft gibt es eine Alternative. Das gilt nicht nur für Pflanzen sondern für Ihre gesamte Einrichtung. Und natürlich ist auch der Farbton ausschlaggebend. Stellen Sie sich eine Wand vor, die in einem grellen Orange gestrichen ist. Für viele ist dies unangenehm. Ein zarter Apricotton dagegen erfreut sich in vielen Wohnzimmern großer Beliebtheit.

Wirkung erzielen

Die folgende Beschreibung stellt Ihnen den Charakter von Farben vor. Unabhängig von Feng Shui oder anderen Einrichtungsregeln können Sie damit Pflanzen für die Wirkung auswählen, die Sie erzielen möchten. Richten Sie sich dabei nach der dominierenden Blüten- oder Blattfarbe.

Grün

Die Bedeutung der Farbe Grün liegt im Zusammenhang mit Pflanzen auf der Hand. Aus europäischer Sicht ist sie das Symbol der Hoffnung. Aber sie steht auch für die Natur im Allgemeinen. Grün wirkt beruhigend und gibt neue Hoffnung. Wie sehr beneiden wir jemanden, der »im Grünen« wohnt. Mit Grünpflanzen kann man sich die Natur ins Haus holen.

Farben spielen auch bei unserer Kleidung eine große Rolle. Im Sommer kleiden wir uns instinktiv mit hellen Farben und erheitern damit das Gemüt schon vom frühen Morgen an.

Gelb

Gelb ist die Farbe der Sonne. Kein Wunder, dass wir sie als warm empfinden. In China symbolisiert sie Macht. Kaiser trugen zum Zeichen ihrer Macht gelbe Roben. Gelb steht aber auch für Weisheit. Nicht selten sieht man in Asien Mönche mit gelben Gewändern. Wir verbinden mit diesem Ton eher Kreativität und Aktivität. Gelb regt an.

Rot

Rot ist eine heikle Farbe. Einerseits wirkt sie anregend, erzeugt und stärkt Energien in einem Raum. Andererseits kann es schnell zu viel des Guten sein. Rot kann, vor allem wenn es sehr leuchtend ist, aggressiv und gereizt machen. Stellen Sie kein rotes Blütenmeer auf das Fensterbrett, eine oder zwei Pflanzen mit roten Blüten sind schon genug.

Blau

Die Farbe Blau bringen wir mit Wasser in Verbindung. Wahrscheinlich empfinden wir sie deshalb als kühlend und entspannend. Europäer sehen in ihr das Symbol für Treue. Aber auch die Seele scheint sich dahinter zu verbergen. Eine »Fahrt ins Blaue« verspricht selten ein lautes Fest. Meist darf man sich eher auf eine Spritztour in die Natur, etwa an das Ufer eines Sees, freuen. Blau steht also auch für Ruhe.

Der Spruch »ins Blaue fahren« stammt noch aus jener Zeit, als im Voralpenland der blau blühende Flachs angebaut wurde. Später, als die aus Amerika importierte billigere Baumwolle den Flachsanbau unrentabel machte, stellten die betroffenen Bauern auf Milchwirtschaft um.

Schwarz

In Europa wird Schwarz in erster Linie mit Trauer und Unglück in Verbindung gebracht. Schwarz setzt man ein, um die innere Gefühlslage auszudrücken, der geballte Einsatz der Farbe kann aber auch die Stimmung niederdrücken. Das Dunkle und Böse wird mit Schwarz in Verbindung gebracht. Besonders sensible Menschen und solche, die zu Depressionen neigen, sollten damit sparsam umgehen.

Weiß

In China ist dies die Farbe der Trauer, für den Europäer die der Unschuld. Aber in erster Linie ist Weiß die Gesamtheit, die Summe aller Farben. Schickt man weißes Licht, beispielsweise das der Sonne, durch ein Prisma, so zerlegt es sich in seine Spektralfarben. Die für uns nun sichtbaren Töne gehen fließend ineinander über von Rot über Gelb und Grün bis Violett. Darüber hinaus gibt es die für uns nicht sichtbaren Farben, oder besser gesagt, Lichtwellen Ultraviolett und Infrarot. Klares, helles Weiß wirkt positiv auf die meisten Menschen. Pflanzen mit weißen Blüten eignen sich fast immer.

Orange

Diese sehr warme Farbe erinnert uns an die Sonne und bringt uns dem Süden nah. Übrigens wird sie von Innenausstattern gern benutzt, um südliches Flair in einen Raum zu bringen. Orange gilt bei den Chinesen als Glück bringend. Wir genießen einfach die warme, aufmunternde Wirkung, die Energie stärkt. Achtung: Ein zu grelles Orange kann Aggressionen wecken.

Braun

Braun ist die Erde. Die Farbe ist Sinnbild für Kontinuität. Wem im Leben die stabile Größe fehlt, der ist mit einer Grünpflanze mit dickem braunen Stamm sicher gut bedient. Ähnlich wie bei Schwarz muss man aber vorsichtig sein. Zu viel dunkles Braun kann erdrückend wirken.

Bedenken Sie auch bei der Wohnungseinrichtung die Farbwirkung Ihrer Möbel. Zu viele Muster in verschiedenen Farben und Formen verwirren das Auge und bewirken Unruhe.

Wie in einen blauen See kann man in diese blaue Wiese hineintauchen, um Ruhe für die eigene Seele zu finden. Blaue Blumen passen am besten ins Schlafzimmer, als Symbol der Treue oder zur Beruhigung für einen leichteren Übergang in die Welt der Träume.

Die Erforschung der Pflanzenenergie

Wer sich über das Thema »Energiefelder« informiert, stößt wahrscheinlich auf Dinge, die auf Anhieb logisch und einleuchtend erscheinen. Anderes aber versetzt in Erstaunen oder lässt alles bezweifeln.

Unsinn oder ernsthaftes Wissen?

Dieser Ratgeber soll dazu beitragen, dass Sie den Umgang mit Ihren Pflanzen überdenken und vielleicht ändern, um einerseits den Gewächsen bessere Lebensbedingungen zu geben und andererseits von ihnen zu profitieren. Hier werden Menschen und deren Experimente vorgestellt, die sich Bäumen und Sträuchern auf ungewöhnliche Weise genähert haben. Dies soll dazu dienen, Ihnen den Zugang zu dem Thema zu erleichtern, damit das, was zunächst vielleicht mystisch und unsinnig klingt, auch verstanden wird. Verpassen Sie nicht die Chance, Pflanzen als lebendige Mitbewohner wahrzunehmen. Zunächst deshalb etwas Physik.

Wenn es um Empfindungen von Pflanzen geht, gerät man schnell in Grenzbereiche des Fassbaren. Haben Sie schon einmal darüber nachgedacht, wie eine Pflanze Ihre Berührungen empfindet?

Etwas Wissenschaft muss sein

Nach der Lehre von Feng Shui können Pflanzen in bestimmten Wohnbereichen Energien verstärken. Aber was ist Energie? Um begreiflicher zu machen, wie Energiefelder aussehen können, hier einige Begriffe.

Biophotonen

Photonen sind Lichtquanten und gehören in die Gruppe der Bosonen. Nichts verstanden? Es geht auch einfacher. Photonen sind winzige Lichtteilchen. Biophotonen sind diejenigen Lichtteilchen, die ständig von lebenden Organismen ausgesendet werden. Professor Fritz-Albert Popp, Leiter am Institut für Biophysik in Kaiserslautern, beschäftigte sich mit

32

diesen Teilchen und entwickelte ein Gerät, um diese sichtbar zu messen. Er untersuchte damit die Qualität von Lebensmitteln. Resultat: Je mehr Licht zu sehen war, desto besser war die Qualität. So strahlten Freilandeier mehr Licht ab als Eier aus Legebatterien. Je mehr Biophotonen also in der Nahrung enthalten sind, desto mehr Energie nehmen wir auf.

Tachyonen

Bei ihrer Definition ist Vorstellungskraft gefragt. Fachbücher beschreiben Tachyonen als hypothetische Elementarteilchen mit Überlichtgeschwindigkeit. Hypothetisch. Experimentell seien sie bisher nicht nachweisbar. Gerald Feinberg beschrieb 1966 die Tachyon-Energie als ein sich mit Lichtgeschwindigkeit bewegendes subatomares Partikel. David Wagner, Gründer von »Advanced Tachyon Technologies«, betrieb Forschungen zur Pflanzenpflege. Er behauptet, dass er Produkte tachyonisieren kann und diese in der Lage seien, durcheinander geratene Energien in Pflanzen, Tieren und Menschen zu ordnen, so etwa Scheiben aus stark gepresstem Siliziumpulver. Würde man eine Gießkanne darauf stellen, würde das Wasser aufgeladen, es sei dadurch lebendiger und habe eine bessere Qualität. Man könne Blumentöpfe direkt auf Siliziumscheiben stellen, um angegriffenen Pflanzen zu helfen. Leider kosten alle Produkte der Firma viel Geld. Gleichzeitig gibt David Wagner nicht preis, wie der Vorgang des Tachyonisierens funktioniert. Das macht misstrauisch. Deshalb sollte jeder, der sich für diese Produkte interessiert, seine eigenen Erfahrungen machen, wenn es ihm die Investition wert ist.

Bei der Beschäftigung mit Energiefeldern trifft man immer wieder auf Begriffe der Physik. Vorsicht, wenn Ihnen jemand tachyonisierte Produkte anbietet. Diese Teilchen sind wissenschaftlich bisher nicht nachgewiesen.

Aura

Das Lexikon übersetzt den Begriff der Aura mit »Lufthauch«. Wenn wir davon sprechen, dass jemand eine positive oder negative Aura hat, so meinen wir seine Ausstrahlung. Es dreht sich also um ein nicht fassbares Gebilde aus Gefühlen und Stimmungen, das auf die Umgebung wirkt. Für die meisten Wissenschaftler ist die Aura das Energiefeld, das ein Lebewesen umgibt. Es gibt immer wieder Menschen, die eine Aura sehen können. Vielleicht halten Sie das für Unsinn. Andererseits ist es dem Physiker Nicola Tesla gelungen, 1891 das erste Aurafoto herzustellen. Er hat also sichtbar gemacht, was wir eigentlich nicht erkennen können. Wäre es nicht möglich, dass es Personen gibt, die mit einem zusätzlichen oder nur besser ausgeprägten Sinn ausgestattet sind und ohne Hilfsmittel die Aura sehen können? Ein Beispiel. Eine Grubenotter hat ein Organ, das mit unserem Auge vergleichbar ist. Es liefert aber andere Bilder als die, die wir sehen. Denn es reagiert auf Wärme und produziert Wärmebilder, die wir nur mit Nachtsichtgeräten herstellen können. Das Tier verfügt also wohl über einen Sinn, der es ihm erlaubt, etwas wahrzunehmen, was wir nur mit technischer Hilfe sehen können. Warum soll es nicht auch Menschen geben, die über einen solchen Sinn verfügen?

Das kleine Beispiel der Grubenotter macht deutlich, wie schnell sich manchmal logisch erklären lässt, was zunächst mystisch anmutet. Trotzdem ist eine gesunde Portion Skepsis immer angebracht, wenn es um nicht auf Anhieb erklärbare Phänomene geht. Oft genug wird mit dem Glauben an Unerklärliches auch gerne Geld verdient.

Orgon

Mit »Orgon« wird das bezeichnet, was die Chinesen »Chi« und wir Europäer schlicht »Lebensenergie« nennen. Im Lexikon finden Sie diesen Begriff vermutlich nicht. Es scheint fast, als sei er eine Erfindung, um etwas Universales und Allgegenwärtiges benennen zu können. Im Zusammenhang mit Orgon scheinen auch die seltsamsten Blüten zu treiben. So gibt es eine Firma für Orgon-Technik, die einen Energietransformator anbietet, der die Selbstheilungskräfte und die Immunabwehr steigern soll.

Elektronen

Bei der Definition von Elektronen haben wir es wieder mit handfester Physik zu tun. Das Lexikon sagt: »Elektronen sind Bestandteile jedes Atomverbands. Sie besitzen die kleinste, unteilbare, frei vorkommende negative Ladung.« Manfred Hoffmann, Professor für landwirtschaftliche Verfahrenstechnik an der Fachhochschule Weihenstephan/Triesdorf, hat herausgefunden, dass gestresste Organismen einen höheren Elektronenverbrauch haben als gesunde. Übertragen auf den Bereich der Lebensmittel bedeutet das, dass diejenigen Nahrungsmittel, die einen hohen Elektronengehalt haben, die »elektrische Aufladung unserer Lebensbatterie« fördern, so Hoffmann. Daraus können wir ableiten, dass Pflanzen, die während der Verarbeitung oder Zubereitung Stress ausgesetzt sind, unserer Ernährung nicht den vollen Nutzen bringen. Auch ein Standortwechsel (Umtopfen) bedeutet für eine Pflanze Stress, macht also krank.

34

Experimente mit dem Lügendetektor

Wenn es um die Untersuchung pflanzlicher Wahrnehmung geht, wird immer Cleve Backster zitiert. Der Amerikaner war ein Fachmann im Umgang mit Lügendetektoren. Er unterrichtete Polizisten im fachgerechten Gebrauch dieser Geräte. 1966 hat er erstmals eine Pflanze, ein Drachenbaum, an einen solchen Detektor, in der Fachsprache auch »Polygraph« genannt, angeschlossen. Backster schloss die Elektroden an die Blätter und goss die Pflanze. Er wollte sehen, ob eine Reaktion messbar sein würde. Erwartet hatte er wohl, dass der Galvanometer, jener Teil des Lügendetektors, der die Leitfähigkeit eines Körpers misst, einen geringeren elektrischen Widerstand anzeigen würde. Nach den physikalischen Gesetzen hätte man das erwarten können, denn eine Pflanze, die gerade Wasser aufgenommen hat, müsste automatisch eine bessere Leitfähigkeit aufweisen. Das Gegenteil trat ein. Die Kurve, die leicht nach oben hätte gehen müssen, ging nach unten. Und sie zeigte heftige Ausschläge. Bei der Anwendung eines Polygraphen bei Menschen würde ein Ausschlag dieser Art auf einen kurzfristigen Erregungszustand hindeuten. Von diesem Ergebnis war Backster so fasziniert, dass er weiterforschte. Er stellte fest, dass es kaum zu einem Ausschlag kam, wenn er das Blatt der Pflanze verletzte. Als er ein Blatt anzünden wollte, zeigte sich eine starke Kurve auf dem Galvanometer, vergleichbar mit menschlicher Angstreaktion.

War der Gärtner der Mörder?

Backster wiederholte diese und andere Versuche, um Zufälle zu vermeiden. Zudem verfeinerte er die Art seiner Experimente stark, um auszuschließen, dass fremde Einflüsse die Ergebnisse verfälschten. Eines seiner Resultate war, dass Pflanzen offenbar auf Gedanken reagieren. Nicht die Verletzung eines Blattes sorgte für Erregung, sondern der bloße Gedanke daran! Außerdem fand der Amerikaner heraus, dass sein Drachenbaum und andere Gewächse durchaus unterscheiden konnten, mit wem sie es zu tun haben. Ihren Mitbewohner Backster erkannten sie beispielsweise. Auch waren sie in der Lage, sich einen bösen Menschen zu

Gedankenübertragung von Mensch zu Pflanze? Lassen Sie sich auf diesen verblüffenden Ansatz ein, und testen Sie Ihre Pflanzen.

35

merken, wie ein Test zeigte, der hier kurz umrissen werden soll. Backster ließ alle Versuchsteilnehmer einen Zettel ziehen. Auf einem stand »Mörder«. Die Person, die dieses Papier gezogen hatte, musste eine Pflanze töten. Kein anderer Teilnehmer wusste, wer der »Mörder« ist, es gab also keine menschlichen Zeugen. Lediglich eine andere Pflanze stand im gleichen Raum. Später ließ Backster alle Teilnehmer an der Pflanze vorübergehen. Sie zeigte erst eine Reaktion, als der Täter an der Reihe war. Auf derart spektakuläre Experimente haben Nachahmer und Kritiker reagiert. Seine Versuche wurden kopiert, umgewandelt und weiterentwickelt.

Erstaunlich ist z. B., dass nicht das Verletzen einer Pflanze ihr Angst macht und sie darauf reagiert, sondern schon der bloße Gedanke daran.

Das Psifeld

Franz Seidl, der 1982 verstarb, versuchte, paranormale Erscheinungen mit Energiefeldern zu erklären. Alles, ob lebendig oder nicht, so seine These, nimmt ständig Energie auf und strahlt auch Energie aus. So entstehen überall Felder, die einander überschneiden und berühren. Diese Felder seien auch mit der Kraft der Gedanken veränder- und beeinflussbar. So wird Telepathie vorstellbar. Und plötzlich kann man sich vorstellen, dass Pflanzen – durch sich verändernde Energiefelder – auf menschliche Gedanken reagieren. Übrigens war Seidl ausgesprochen skeptisch gegenüber der Idee, der Mensch könne mit Pflanzen sprechen. Er beschäftigte sich mit dem »Backster-Effekt«, zog Schlussfolgerungen und untermauerte diese mit eigenen Versuchen. Er baute ein Gerät namens »Psitron«, das Schwingungen aussendet. Seidl schloss einen Weihnachtsstern an einen Oszillographen an, ein Gerät, das schnell veränderliche elektrische und mechanische Schwingungsvorgänge sichtbar macht, und unter Einwirkung seines Psitrons stellte er beim Sprechen und beim Denken eine deutliche Reaktion der angeschlossenen Pflanze fest.

Mit bestrahltem Wasser gießen

Um sicherzugehen, dass die gemessenen Schwingungen nicht vom Psitron selbst erzeugt wurden, bestrahlte Seidl nicht nur die Pflanzen direkt, sondern auch deren Gießwasser. Seine Versuchspflanze dafür war

Pflanzen leben in Interaktion mit der Umwelt und reagieren deutlich auf unsere Gedanken und Energiefelder. Deshalb braucht ein »grüner Daumen« nicht nur Erfahrung, sondern auch positive Energie im Umgang mit Pflanzen.

Schnittlauch. Bei ansonsten gleichen Lebensbedingungen begoss er Pflanzen mit Wasser, das zuvor mit Hochfrequenz präpariert worden war. Anderen Schnittlauch goss er mit nicht bestrahltem Wasser. Das Resultat: Der Schnittlauch, der mit dem hochfrequent bestrahlten Wasser genährt wurde, wuchs erheblich schneller und wurde kräftiger, so, als ob er gedüngt worden wäre. Hier ist es nicht mehr möglich, dass aufgezeichnete Schwingungsveränderungen von dem Psitron stammen.

Biokommunikation

Der Agrarwissenschaftler Professor Dr. Manfred Hoffmann hat sich nicht nur mit den Problemen der Technik im alternativen Landbau und der Problematik des Qualitätsnachweises landwirtschaftlicher Erzeugnisse beschäftigt, sondern hinterfragte auch den Umgang zwischen Mensch und Pflanze. Außerdem interessierte ihn das Phänomen des »grünen Daumens«. Er versucht, es mit Hilfe der Biokommunikation zu erklären. Darunter versteht er die Verständigung zwischen Lebewesen über die Artgrenzen hinaus. Er glaubt also, dass eine Kommunikation

Es gibt einen deutschen Bäcker, der das Wasser, das er zum Backen verwendet, durch eine Art Brunnen laufen lässt. Sein Hefeteig wird dadurch besser als je zuvor, und seine Produkte sind, ohne dass chemische Konservierungsstoffe zugefügt werden, länger haltbar.

zwischen Mensch, Tier und Pflanze möglich sei. Er geht sogar noch weiter und behauptet, dass sie möglich sein muss und wir ohne sie gar nicht auf diesem Planeten wären. Allerdings dürfen wir uns diese Verständigung nicht wie unsere Sprache vorstellen. Vielmehr geht es Hoffmann um eine Kommunikation der Zellen untereinander. Und hier haben wir nun endlich die Verbindung zu den schon häufig erwähnten Teilchen. Wenn die Zellen permanent Energie aufnehmen und abgeben und sich untereinander verständigen können, ist die Vorstellung, dass wir nur mit der Kraft unserer Gedanken und Stimmungen Einfluss auf das Wohlbefinden einer Pflanze nehmen können, fast greifbar.

Menschen mit einem »grünen Daumen« haben eins gemeinsam: Sie lieben Pflanzen aller Art und widmen ihnen nicht nur reichlich Zeit, sondern auch viel Zuwendung.

Zwei Beispiele als Beleg

1) Ernst Roth, der Chef des Zürcher Drogendezernats, steht mehrfach im Guinnessbuch, weil er völlig ungewöhnliche Gemüseerträge vorweisen kann. Darunter ist ein 70 Kilogramm schwerer Kürbis, ein 20 Kilogramm schwerer Kohlrabi oder Knoblauchzehen so groß wie Hühnereier. Sein Geheimnis: Er kuriert kranke Pflanzen mit Zuwendung und lobt jeden Morgen das Wachstum des Gemüses.

2) Psychotherapeut Dr. Henning von der Osten versorgte zwei Veilchen mit identischen Lebensbedingungen. Einziger Unterschied: Eines ließ er von mehreren Personen immer wieder loben, das andere regelmäßig beschimpfen. Schon nach zehn Tagen war eine deutlich unterschiedliche Entwicklung zu sehen. Während die gelobte Pflanze gut wuchs und Blüten bildete, waren die Blüten des beschimpften Veilchens kümmerlich, die Blätter hingen schlaff herab. Nach Versuchsende nahm der Therapeut beide mit nach Hause und redete dem schlechter entwickelten Exemplar gut zu, worauf es sich sichtbar erholte.

Pflanzen spüren Zuneigung

Hoffmann folgerte, dass das Phänomen des »grünen Daumens« nicht auf die bewusste Pflege der Pflanzen reduziert werden könne. Oft wüssten Menschen, die eine Hand für Grünzeug haben, selbst nicht, wie ihnen das gelinge. Um mehr zu erfahren, überwachte er das vom Westdeutschen und Bayerischen Rundfunk initiierte Tomatenexperiment.

Tomatenexperiment

Versuchsbedingungen: 100 Personen bekamen jeweils vier oder sechs Tomatenpflanzen einer Sorte und gleichen Alters. Sie hatten sich an die folgenden Regeln bezüglich Pflege und Umgang zu halten.

- Die Pflanzen mussten in zwei Gruppen in einem Abstand von etwa einem Meter gepflanzt werden. Dabei war zu berücksichtigen, dass die Standorte möglichst identisch waren.
- Die Versorgung mit Wasser, Licht, Dünger musste absolut gleich sein.
- Eine mentale Zuwendung hatte zu einer der beiden Gruppen zu erfolgen. Art und Umfang wurden von den Probanden selbst bestimmt.
- Wöchentlich musste protokolliert werden, wie hoch die einzelnen Pflanzen geworden waren, ob und wann sie zu blühen begonnen hatten, wie viele Blüten sich zeigten, wann und wie viele Früchte entstanden. Auch das Gewicht der gewachsenen Tomaten wurde festgehalten.
- Unangekündigte Stichproben mussten akzeptiert zu werden.
- Die schriftliche Abschlussbefragung war Pflicht.
- Früchte mussten zur Qualitätskontrolle zur Verfügung gestellt werden.

Ergebnis: 1) Pflanzen, die mentale Zuwendung erfahren hatten, erzielten deutlich höhere Erträge (durchschnittlich etwa 400 Gramm pro Pflanze) als die anderen Pflanzen. 2) Die Ertragsunterschiede waren besonders groß bei jenen Personen, die von vornherein an die Wirkung der Zuwendung glaubten. Bei jenen, die aus Neugier mitgemacht, aber sich ohne rechte Überzeugung an die Pflanzen gewandt hatten, war der Unterschied zu den Pflanzen, die erst gar keine Zuwendung erhalten hatten, minimal.

Die mentale Zuwendung, von der hier die Rede ist, war ganz unterschiedlicher Natur. Einige Personen sprachen mit den Tomatenpflanzen, andere schenkten ihnen nur positive Gedanken, wieder andere spielten ihnen Musik vor. Der tägliche Zeitaufwand dafür betrug zwischen 3 und 20 Minuten.

Merken Pflanzen, wenn man sie belügt?

Das letzte Ergebnis des Tomatenexperiments veranlasste Professor Dr. Hoffmann zu mehreren Schlussfolgerungen. Pflanzen müssten danach in der Lage sein, ehrliche Zuwendung von geheuchelter zu unterscheiden. Das würde erklären, warum Menschen, die von solchen Versuchen hören und trotz Skepsis es ausprobieren, keinen Erfolg haben.

Umgangsformen von Mensch und Pflanze

Beweisbar sind die Thesen über eine emotionale Verbindung zwischen Menschen und Pflanzen und über geheuchelte oder echte Zuneigung noch nicht. Solange aber auch nicht das Gegenteil bewiesen ist, sollten Sie nicht zögern und den Kontakt zu Ihren Pflanzen auf ganz neue Art und Weise aufnehmen. Da Sie sich offensichtlich mit dem Thema »Energiepflanzen« beschäftigen, ist davon auszugehen, dass Sie an die Kommunikation zwischen den Arten glauben können. Nehmen Sie sich also getrost folgende Tipps zum Umgang mit Ihren Gewächsen zu Herzen. Schaden können Sie damit weder den Pflanzen noch sich selbst.

Wechselt der Betreuer einer Pflanze, kann sich ihr Zustand drastisch verändern, auch wenn alle anderen Bedingungen gleich geblieben sind. Meist verschlechtert sich der Zustand zuerst, da sich die Pflanze erst an die neue Situation gewöhnen muss. Aber recht bald kann sie unter guter Pflege wieder aufblühen.

Emotionale Zuwendung

Wenn Sie sich mit dem Tomatenexperiment beschäftigt haben, liegt es für Sie auf der Hand, Ihren grünen Mitbewohnern mit Liebe und Ehrfurcht zu begegnen. Nehmen Sie sich die Zeit, und stellen Sie ein ähnliches Experiment nach. Seien Sie neugierig. Die Biokommunikation ist spannend und noch unerforscht. Wenn Sie nicht vom Pioniergeist getrieben werden, sollten Sie aber auf jeden Fall folgende Regeln beachten.

● Respektieren Sie die Lebewesen, die bei Ihnen zu Gast sind. Sollten Sie eine Topfpflanze versehentlich anrempeln oder ihre Triebe unsanft berühren, entschuldigen Sie sich ernsthaft.

● Reden Sie mit Ihren Zimmerpflanzen. Vielleicht kommen Sie sich am Anfang ein wenig albern dabei vor. Es hilft aber, die eigenen Empfindungen zu bündeln und dem Gewächs tatsächlich entgegenzubringen. Wenn Sie sich damit nicht anfreunden können, reicht es auch, wenn Sie jeden Tag einen kleinen Augenblick vor der Pflanze stehen bleiben und ihr intensive positive Gedanken schenken.

● Sehen Sie bewusst und regelmäßig nach Ihren grünen Hausgenossen. Entdecken Sie eine neue Blüte oder einen jungen Trieb, dann zeigen Sie Ihre Freude darüber. Verbergen Sie auch Ihre Trauer über ein welkes Blatt oder einen abgebrochenen Trieb nicht.

● Behandeln Sie Ihre Pflanzen schonend. Wenn alte Blätter, Blüten oder Zweige entfernt werden müssen, tun Sie das behutsam. Konzentrieren Sie sich auf Ihre Tätigkeit und vor allem darauf, das betroffene Gewächs zu beruhigen. Sprache ist auch hier ein gutes Hilfsmittel. Reden Sie beruhigend auf die Pflanzen ein. Helfen Sie ihnen damit auch beim Umtopfen und Rausbringen im Frühjahr und Reinholen im Herbst. Denn solche Veränderungen sind Stress für die betroffene Pflanze.

Wenn Mensch und Pflanze je miteinander kommunizieren wollen, müssen wir uns auf einen neuen Umgang einlassen. Ein nettes Wort, leise Musik – darauf reagiert jedes Lebewesen. Doch bedenken Sie: Wir wissen noch nichts über das »Gehör« der Pflanzen; es könnte sehr empfindlich sein!

Pflanzenpflege mit Musik

Musik ist ein wichtiger Bestandteil unseres Lebens. Dank modernster Technik können wir sie immer und überall hören. Musik ist aber nicht gleich Musik. Sie berührt emotional, hat aber völlig unterschiedliche Wirkungen. So gibt es Klangfolgen, die düstere Stimmungen verstärken. Andere Melodien muntern auf, scheinen Energien freizusetzen. Selbst Sprichworte wie »Wo man singt, da lass dich nieder. Böse Menschen kennen keine Lieder« zeugen davon.

Bewegende Klänge

In Indien, übrigens einem Vorreiterland im Bereich der Pflanzenforschung, brachte der Biologe Professor Julian Huxley, Bruder des Schriftstellers Aldous Huxley, ein Experiment auf den Weg, das sich mit der Wirkung von Musik auf Pflanzen beschäftigte. Dr. Singh, der Leiter eines indischen Botanikinstituts, untersuchte damals das Strömen von Protoplasma, der lebenden Masse, die in jeder Pflanzenzelle vorkommt. Bekannt war, dass der Fluss des Plasmas im Tagesverlauf immer schneller wurde. Nachts war kaum Bewegung festzustellen. In einem ersten Versuch wurde eine asiatische Wasserpflanze vor Sonnenaufgang mit dem Ton einer Stimmgabel eine halbe Stunde lang beschallt. Daraufhin strömte das Protoplasma mit einer Geschwindigkeit, die sonst nur spät am Tag erreicht wurde. Um das Ergebnis zu bestätigen, machte Dr. Singh weitere Versuche. Dabei beobachtete er, dass Balsampflanzen, die täglich fast eine halbe Stunde Musik vorgespielt bekamen, wesentlich schneller wuchsen als Artgenossen, die ohne Musik auskommen mussten.

Schallwellen mit Wirkung

Der amerikanische Botaniker George E. Smith hörte von Singhs Experimenten und tat Folgendes: Er verteilte Mais und Sojabohnen in Saatschalen und stellte diese in unterschiedliche Treibhäuser. Die Bedingungen in den beiden Treibhäusern waren identisch, bis auf die Tatsache, dass in einem Haus Musik lief, in dem anderen nicht. Smith kam zu dem Ergebnis, dass die Saat mit Berieselung schneller keimte als die andere und kräftigere Stiele hervorbrachte. Ähnliche Resultate erbrachten auch zwei Forscherinnen an einer kanadischen Universität. Sie erklärten sich das Phänomen damit, dass die Schallwellen der Musik in den Zellen einer Pflanze einen Resonanzeffekt auslösen. Dadurch würde sich Energie konzentrieren, die ihren Stoffwechsel günstig beeinflussen könnte.

Klassik oder Beat?

Vielleicht funktionieren Mais, Sojabohnen, Kürbis und andere sensible Pflanzen tatsächlich als »Musikkritiker« und warnen vor Klängen, die auch Ihnen nicht gut tun.

Auch hier kann man einfach ausprobieren, was unsere Zimmerpflanzen mögen und was nicht. Woher wissen wir aber, ob eine Yuccapalme Beethoven oder die Beatles vorzieht? Oder ist das vollkommen egal? Und welche Lautstärke ist richtig? Probieren Sie es aus, aber seien Sie, wie immer im Umgang mit Ihren Mitbewohnern, behutsam. Heilpraktikerin Eva Katharina Hoffmann sagt in ihrem Buch »Energiepflanzen im Haus«, dass Ihre eigenen Pflanzen die Musik mögen werden, die Sie selbst auch gern hören. Dem entgegen steht ein Experiment, das zwei Studenten durchführten. Acht Wochen lang setzten sie eine Kürbisart harter Rockmusik aus. Weiteren Exemplaren der gleichen Art verabreichten sie über den gleichen Zeitraum klassische Melodien. Das Ergebnis war faszinierend: Die Kürbisse, die klassische Musik hatten hören dürfen, streckten sich der Klangquelle entgegen. Diejenigen aber, die Rockmusik vorgespielt bekommen hatten, wuchsen vom Lautsprecher weg. Deshalb:

- Platzieren Sie die Pflanze nie direkt vor dem Lautsprecher oder Radio.
- Auch wenn wir es nicht genau wissen, sollten Sie die Musik nicht zu laut machen. Krach kann auf Pflanzen, die sicher nicht wissen, woher die Geräusche stammen, leichter bedrohlich als friedlich wirken.
- Wechseln Sie die Art der Musik ruhig, und hören Sie in erster Linie das, was Sie mögen. Wenn Sie Rockmusik lieben und sich wegen Ihrer Kakteen oder wegen des Gummibaums nur noch Mozart anhören, werden Sie vermutlich unzufrieden oder gar aggressiv werden. Und das spüren Kaktus & Co. Hören Sie also am besten eine durchwachsene Mischung, die Ihrem Geschmack entspricht.
- Meiden Sie Extreme. Unaufhörlich hämmernde Bässe kommen ebenso wenig an wie schrille hohe Töne.

Pflanzenpflege mit Edelsteinen

Die Edelsteintherapie, mit der sich etwa Hildegard von Bingen beschäftigt hat, ist ein Thema für sich. Wenn Sie mehr darüber wissen möchten, sollten Sie spezielle Literatur lesen. An dieser Stelle soll nur ein kurzer Überblick gegeben werden. Grundlage ist, dass auch Steine, wie jede Materie, Energien und Schwingungen haben. Bestimmte Steine passen zu Ihnen, andere nicht. Das heißt, nicht alle Bergkristalle oder Türkise schwingen mit Ihnen. Es gilt, jenen herauszufinden, der am besten zu den eigenen Schwingungen passt. Ähnlich wie bei den Tachyonen wird auch hier davon ausgegangen, dass die Energien durch die Steine in Ordnung und Harmonie gebracht werden. Sollten Sie schon einen oder mehrere Edelsteine besitzen, von deren guter Wirkung Sie überzeugt sind, legen Sie diese doch einfach für ein paar Wochen in den Blumentopf einer Pflanze, der es nicht so gut geht. Beobachten Sie, ob sie nach einiger Zeit ihre Blätter aufrichtet und neue Triebe bekommt. Natürlich können Sie auch den Stein ins Gießwasser legen. Intensiver wird der Effekt sicherlich, wenn Sie den Stein direkt zur Pflanze geben. Verändert sich nichts, oder verschlimmert sich der Zustand der Betroffenen gar? In diesem Fall sollten Sie den Edelstein entfernen und einen anderen nehmen

Die Bereiche Edelsteintherapie und Farbtherapie überschneiden sich. Man sagt nämlich, dass nicht nur die Energie eines Steines, seine Schwingung, förderlich sein kann, sondern eben auch seine Farbe. Erkundigen Sie sich am besten im Mineralienfachhandel.

Pflanzenpflege mit Salzkristalllampen

In der Frühzeit unserer Erde haben sich Salzkristalle abgelagert. Sie schichteten sich im Lauf vieler Jahre übereinander, wurden gepresst und mit Sand bzw. Staub gemischt. Heute liegen diese Salzschichten teilweise sehr tief in der Erde. Der Mensch hat Bergwerke gebaut, um an die lebenswichtigen Kristalle heranzukommen.

Nun dient Salz aber längst nicht mehr nur zum Konservieren oder zum Würzen. Einige Hersteller haben sich darauf spezialisiert, aus großen Salzbrocken Lampen zu fertigen. Diese sind nicht nur dekorativ, sondern vor allem heilsam für die menschliche Psyche, den Körper und auch für Tier und Pflanze. Erklärung: Jede uns bekannte Materie besteht aus Atomen. Diese wiederum setzen sich aus winzigen Teilchen, den Ionen, zusammen, die stets in Bewegung sind. U. a. drehen sie sich permanent um sich selbst. Rechtsdrehungen und Linksdrehungen sollten hierbei ausgeglichen sein. In unserer heutigen stark geschädigten Umwelt sei dies jedoch nicht mehr der Fall. Gerade in Städten, so heißt es, gibt es deutlich mehr linksdrehende Ionen. Und die sind es, die uns krank machen. In den Salzkristallen finden wir nur Ionen, die rechtsherum drehen. Das ist

Um einer kranken oder blütenlosen Zimmerpflanze zu helfen, platzieren Sie die Salzkristalllampe etwa einen Meter von ihr entfernt.

Stellen Sie möglichst in jeden Raum eine Salzkristalllampe, um die Luft optimal mit gesundheitsfördernden Ionen anzureichern.

förderlich für die Gesundheit und gleicht den negativen Einfluss wieder aus. Nun könnte man meinen, dass mehrere im Haus verteilte Schalen mit Salz oder ein einfacher Salzblock die gleiche positive Wirkung haben. Das ist nicht ganz falsch. Der Effekt der rechtsdrehenden Ionen kommt sicher auch hierbei zur Entfaltung. Allerdings ist die Kombination aus Salz und Licht besonders effektiv.

Wie wichtig Licht für Sie und Ihre Pflanzen ist, ist bekannt. Auch von der Wirkung von Licht auf die Lebensenergie war schon die Rede. So lehrt uns Feng Shui, dass besonders in Ecken, wo die Energie schlecht fließen kann, eine Lampe aufgestellt werden sollte. Schließlich sei noch die Farbe der Salzlampen erwähnt. Durch Einlagerungen von anderen Mineralien und Algen erhalten die Lampen eine gelblich orange Farbe. Genau diese Farbtöne sind es, die sich aufs menschliche Gemüt angenehm auswirken und die fast alle Pflanzen zum Wachsen anregen.

Wirkungen von Farben

Bereits im Kapitel über Feng Shui wurde auf die Wirkung von Farben hingewiesen. Wie sehr diese auch Pflanzen beeinflussen, machen folgende Beispiele deutlich. Bohnen und Erdbeeren wachsen deutlich schneller, wenn sie mit rotem Licht bestrahlt werden, als würde man sie mit Sonnenlicht bestrahlen. Auch der Ertrag ist erheblich höher, und die Erdbeeren werden saftiger und süßer, wie Versuche zeigen. Auch hat sich gezeigt, dass sich der Ertrag bei Tomaten um 20 Prozent steigern lässt, wenn die Beete mit roter Folie abgedeckt sind statt, wie üblich, mit schwarzer. Kein fauler Zauber, sondern erklärbare Wissenschaft. Farben verstärken bzw. filtern ein bestimmtes Lichtspektrum.

Einfluss von Farben auf Pflanzen

Nicht jede Pflanze braucht die gleiche Lichtstrahlung. Bestimmte Wasserpflanzen kommen etwa mit Rot nicht klar, weil sie unterhalb von einem Meter unter der Wasseroberfläche wachsen. In diesem Bereich existiert die Farbe Rot einfach nicht. Weder rotes Licht noch ein roter

Stellen Sie die Lampe nicht zu dicht an Pflanzen, die stark gewässert werden müssen. Achten Sie darauf, dass das Salz nicht feucht wird. Wischen Sie es dann am besten sofort mit einem trockenen Tuch ab. Salz löst sich in Feuchtigkeit bekanntlich auf.

Taucheranzug sind ab einem Meter Tiefe zu erkennen. Klar, dass hier lebende Pflanzen mit Rot nichts anfangen können. Hat man solche Pflanzen in einem Aquarium und will ihnen möglichst naturnahe Lebensbedingungen schaffen, sollte man Licht benutzen, welches das Rotspektrum rausfiltert. Diese stark vereinfachte Erklärung macht die Wirkung von Farben auf Ihre Pflanzen nachvollziehbarer. Auch weiß man, dass Gelb- und Orangetöne auf fast alle Gewächse wachstumsfördernd wirken.

Einfluss von Farben auf das menschliche Wohlbefinden

Der kanadische Professor Dr. Wohlfahrt hat 1956 nachgewiesen, dass sich Blutdruck, Atmung und Puls verändern, wenn Menschen nur zehn Minuten farbige Flächen ansehen. Seitdem hat sich eine regelrechte Farbtherapie entwickelt, die bei seelischen und körperlichen Problemen mit zunehmendem Erfolg angewandt wird. Pflanzen mit Farben in ihrem Wachstum und Wohlbefinden zu unterstützen ist das eine. Das andere ist, dass Sie durch den Anblick der Farben auf Ihr eigenes Wohlbefinden einen nachhaltigen Effekt erzielen können. Hierbei sind Ihnen die Pflanzen behilflich.

In den USA werden Frühgeborene, die unter Gelbsucht leiden, mit Blaulicht bestrahlt. Epilepsie- und Parkinson-patienten werden mit Blau und Grün behandelt, um die Symptome zu schwächen. Rot dagegen verschlimmert ihre Krankheits-erscheinungen.

Blau

Blau wirkt beruhigend. Blau verringert Puls und Blutdruck, entspannt die Muskeln. Es ist gegen Bluthochdruck, Nervosität und Verspannungen geeignet.

● »Blaue Pflanzen«: Glockenblume (bedingt; die Blüten sind blauviolett), Kleinblütige Glockenblume (Campanula poscharscyana), Cenarie, Kapprimel, Blaue Mauritius, Vergissmeinnicht, Bleiwurz

Grün

Auch Grün wirkt entspannend. Bei einem ausgedehnten Waldspaziergang oder einer Wanderung zwischen saftig grünen Wiesen werden Sie das feststellen können. Natürlich erklärt sich der Effekt nicht allein durch die Farbe, sondern auch durch die gute Luft, den Duft etc. Aber das Grün spielt mit Sicherheit eine Rolle. Wer ohnehin im Grünen lebt,

46

hat es leichter, die Farbe zu nutzen. Er kann damit sein Nervensystem stärken. Auch bei Augenleiden ist sie einsetzbar. Ein Schwertfarn oder ein Drachenbaum, neben den Computer gestellt, entfaltet den doppelten Effekt. Die Auswirkungen des Elektrosmogs werden verringert. Gleichzeitig tut das Grün den beanspruchten Augen gut.

● »Grüne Pflanzen«: Rosetten-Dickblatt, Zwergkalmus, Aloe, Zimmerwein, -tanne, Schusterpalme, Blattbegonie, Korbmarante, Dickblatt (Geldbaum), Neuseeland-Lorbeer, Palmfarn, Drachenbaum, Efeutute, Efeuaralie, Feigenbaum, Gummibaum, Schwertfarn, Fensterblatt, Madagaskar-Palme, Philodendron, Zimmerbambus, Fetthenne, Yucca

Gelb

Wie schon erwähnt, wirkt diese Farbe aufheiternd und stärkend. Kreativität und Wachstum werden angeregt. Für das Schlafzimmer eignet sich Gelb nicht, da der anregende Impuls vom Schlaf abhalten kann.

● »Gelbe Pflanzen«: Goldtrompete, Glanzkölbchen, Pantoffelblume, Chrysantheme, Zitronenbaum (mit Früchten; sonst Grünpflanze), Flammendes Käthchen, Reinwardtie (besonders schön; blüht im Winter leuchtend gelb), Kapuzinerkresse, Rose, Hibiskus, Kapkörbchen, Primel, Husarenknöpfchen, Strauchmargerite, Ginster

Orange

Orange macht heiter und steigert die Leistung. Besonders geeignet für melancholische Menschen und solche, die zu Depressionen neigen.

● »Orange Pflanzen«: Klivie, Helmkraut, Ruhmeskrone, Hibiskus, Goldlack, Guacamaya, Paradiesvogelblume, Orangen- oder Mandarinenbaum (mit Früchten!), Pantoffelblume, Kolumnee, Echeverie, Korallenmoos

Aufpassen bei der Farbe Orange: Sie fördert den Appetit. In einer Wohnküche oder im Esszimmer mag sie also gut aufgehoben sein. Zu viel Orange in der Wohnung kann allerdings Personen mit Figurproblemen Schwierigkeiten machen.

Rot

In einigen Betrieben liegt roter Teppichboden, oder es hängen Bilder in kräftigen Rottönen an der Wand. Kein Wunder, denn Rot ist die Farbe der Aktivität. Sie steigert die Leistung, treibt den Blutdruck hoch, fördert den Adrenalinausstoß und beschleunigt die Reaktionen der Muskeln. Tatsächlich erhöht rotes Licht das Augenblinzeln. Und wir können es schneller wahrnehmen als andere Farben. So benötigen wir eine bestimmte Zeit, um überhaupt ein Objekt oder eben eine Farbe sehen zu können. Bei Rot brauchen wir beispielsweise 0,02 Sekunden, wie Versuche ergaben. Um die Farbe Blau wahrnehmen zu können, benötigen wir die dreifache Zeit. Aus diesem Grund wird Rot wohl auch als Signalfarbe z. B. auf Verkehrsschildern eingesetzt.

● »Rote Pflanzen«: Wüstenrose, Katzenschwanz, Flamingoblume, Kamelie, Chrysantheme, Feuerrote Rochee, Weihnachtsstern, Christusdorn, Amaryllis, Flammendes Käthchen, Rose, Korallenstrauch, Schamblume, Flammendes Schwert

Die Farbe Rot ist eROTisch wie keine zweite. Trotzdem sollten Sie im Schlafzimmer auf Rot verzichten.

Violett

Vor allem wirkt Violett auf den Geist. Bei spirituellen Handlungen und im religiösen Bereich ist die Farbe häufig zu finden. In der Farbtherapie wählt man sie, um zu beruhigen und um Schmerzen zu lindern. Man sagt Violett eine geradezu betäubende Wirkung nach. Gerade bei Schlaflosigkeit oder ausgeprägter Nervosität kommt die Farbe zur Anwendung.

● »Violette Pflanzen«: Veilchen, Bougainvillea, Prärieenzian, Kreuzkraut, Lavendel, Browallie, Brunfelsie, Glockenblume, Alpenveilchen, Flammendes Käthchen

Der Mensch muss sich wohl fühlen

Farbtherapie sollte nur ein Aspekt bei der Wahl Ihrer Pflanzen sein. In erster Linie muss Ihnen das Gewächs gefallen und in Ihnen ein »gutes Gefühl« erzeugen. Wahrscheinlich haben Sie instinktiv bereits Grünpflanzen bzw. kräftig gefärbte Blüten dort, wo Sie deren Wirkung brauchen. Manchmal ist es einfach nur hilfreich, sich bestimmte Effekte vor Augen zu führen, um so bewusst seinen Lebensraum zu gestalten. Die meisten der erwähnten Pflanzen sind allerdings nicht einfarbig. Auch die Blütezeit schwankt beträchtlich. Gehen Sie also am besten in eine gute Gärtnerei, betrachten Sie die unterschiedlichen Arten, und lassen Sie Ihr Gefühl entscheiden, welches Maß von welcher Farbe Ihrem Wohlbefinden nutzt. Erkundigen Sie sich auch, wie oft und wie lange eine Pflanze blüht und wie schwer es ist, sie überhaupt zum Blühen zu bringen.

Pflanzenpflege durch Handauflegen

»Heilende Hände«, »Therapeutic Touch« oder auch »Touch of Health«, »Reiki« – hinter diesen und ähnlichen Begriffen steht eine Naturheilmethode, die Linderung von Beschwerden durch Energien erreicht, die aus den Händen fließen. Zu einer Berührung kommt es dabei nicht. Die wohl bekannteste Methode ist das Reiki (sprich: Reeki). Es wurde Ende des 19. Jahrhunderts von Dr. Mikao Usui wieder entdeckt. Der Vorteil dieser Methode liegt darin, dass sie relativ leicht zu erlernen ist. Überhaupt sprechen Reiki-Meister nicht vom Lehren oder Lernen, sondern vom Weitergeben bzw. davon, zum Reiki-Kanal zu werden. Übersetzt bedeutet das japanische Wort »universale Lebensenergie«. Diese Energie wird als wohlige Wärme empfunden, die sich in dem Körperteil ausbreitet, über den die Hände gehalten werden. Skeptiker mögen einwenden, dass man auch ohne irgendwelche Reiki-Kenntnisse spontan die Hand auf schmerzende Körperstellen legt. Gerade bei Kopfschmerzen neigen wir dazu, bestimmte Punkte an der Stirn zu massieren. Dieser Einwand spricht aber nicht gegen die Wirksamkeit des Reiki, im Gegenteil. Die

Die Wirkung des Handauflegens ist vollkommen unabhängig vom Glauben des Behandelten. Dabei wird der Schmerz genau lokalisiert und gemildert.

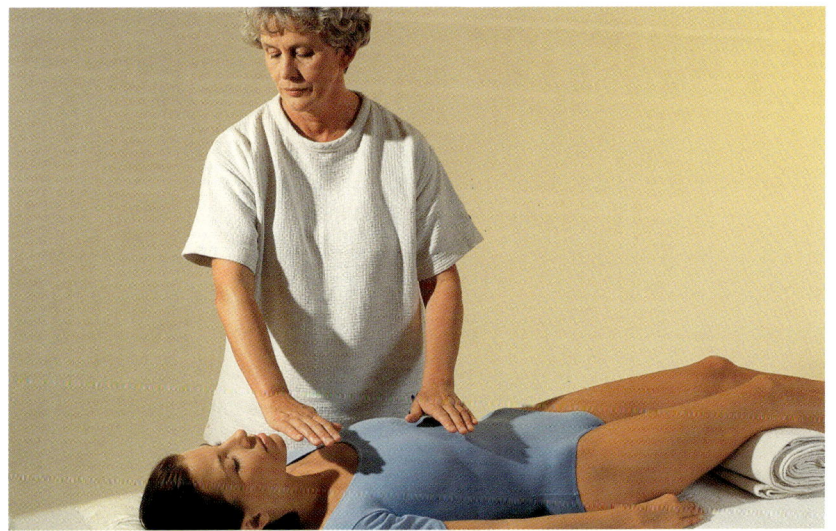

Das Fließen von heilender und stärkender Energie aus den Händen wird immer häufiger als Naturheilmethode eingesetzt. Erfahren Sie, wie man das »Handauflegen« zur Pflanzenpflege einsetzen kann.

49

meisten natürlichen Behandlungsmethoden werden bis zu einem gewissen Grad intuitiv angewandt. Und: Wenn wir von Energiefeldern umgeben sind, warum sollte dann nicht schon die Berührung dieser Felder ausreichen, um auf den Körper zu wirken? Wir brauchen vielleicht gar nicht die Haut zu berühren, sondern sprechen den bestimmten Körperteil über die sie umhüllende Energiehülle an.

Interessante Doppelblindstudie

Es gibt eine Studie, die den Beweis für die Wirksamkeit der so genannten Therapeutic Touch liefert. Reiki unterscheidet sich von dieser Methode dadurch, dass man nicht eigene Energie abgibt, sondern von Energie durchströmt wird, die man dann weitergibt. Da die Verfahren ansonsten gut vergleichbar sind, kann der Beweis auch als wissenschaftlicher Nachweis für die Wirksamkeit von Reiki gesehen werden. Dr. Daniel Wirth, Leiter des Forschungsinstituts »Healing Sciences International« in Kalifornien, führte es durch.

Die »Therapeutic Touch« ist übrigens auch für den Ausführenden angenehm und bringt Entspannung, manchmal auch neue Energie.

Versuchsbedingungen

● Die 44 gesunden jungen Männer im Alter von 21 bis 32 Jahren erfuhren nicht, dass es um die Heilkraft der Hände geht. Ihnen wurde nur gesagt, dass unterschiedliche Wundheilung untersucht werden sollte.

● Auch der Arzt, der die Wunden, die zu behandeln waren, beibrachte, behandelte und beobachtete, wusste nicht, worauf der Test hinauslief.

● Dieser Arzt brachte den 44 Männern mit einem Skalpell am Arm eine Schnittwunde bei, die bei allen Testpersonen die gleichen Abmessungen hatte. Er versorgte alle Wunden auf die gleiche Weise, indem er jeweils einen Verband anlegte.

● Nach dem Zufallsprinzip wurden die 44 Probanden in zwei nicht ganz gleich große Gruppen aufgeteilt. 23 Männer waren in der Gruppe, die mit »Therapeutic Touch« behandelt werden sollten, ohne das zu wissen.

● Jeden Tag kamen die Männer zu einer »Messung«. Dazu mussten sie sich auf einen Hocker setzen und ihren Arm durch ein Loch in der Wand in das nicht einsehbare Nebenzimmer strecken. Man sagte ihnen, dass dort die Bioelektrizität des verletzten Arms gemessen würde.

- Bei der 21-köpfigen Kontrollgruppe war das Nebenzimmer leer. Die Männer streckten zwar den Arm durch das Loch und ließen ihn fünf Minuten liegen. Es passierte allerdings rein gar nichts.
- Die anderen 23 Personen dagegen wurden während der fünf Minuten von einer Heilerin behandelt. Sie hielt ihre Hand in der »Therapeutic-Touch«-Manier über den Verband, unter dem die Schnittwunde war. Es kam dabei niemals zu einer Berührung.
- Das Experiment lief über 16 Tage. Am ersten, achten und letzten Tag wurden die Wunden jeweils exakt vermessen und protokolliert.
- Die Aufzeichnungen wurden einem unabhängigen Sachverständigen ohne weitere Erklärung zur Auswertung übergeben. Man teilte ihm lediglich mit, dass es zwei Gruppen gegeben hatte. Seine Aufgabe war es, Unterschiede, sollten diese denn vorhanden sein, im Wundheilungsprozess der beiden Gruppen aufzuzeigen und zu beschreiben.

Ergebnis

Der Sachverständige bestätigte, dass es deutliche Unterschiede in der Heilung gegeben hatte. So betrug die durchschnittliche Wundgröße in der Kontrollgruppe am achten Tag 19,3 Quadratmillimeter. Bei der 23-köpfigen Gruppe, die eine Behandlung erfahren hatte, betrug die durchschnittliche Größe zum selben Zeitpunkt lediglich 3,9 Quadratmillimeter. Am letzten, dem 16. Tag hatte die Kontrollgruppe diesen Wert noch nicht erreicht. Bei ihr lag die Durchschnittsgröße noch bei 5,9 Quadratmillimetern. Die Durchschnittsgröße bei der behandelten Gruppe lag an diesem Tag nur noch bei 0,4 Quadratmillimetern. Bei 13 der 23 Männer war die Schnittwunde bereits vollständig verheilt. Das war bei keinem der Kontrollgruppe der Fall.

Beweis

Dr. Wirth hat also bewiesen, dass die getestete Behandlungsmethode ausgesprochen effektiv ist in der Heilung von Hautverletzungen. Und er konnte nachweisen, dass weder eine bestimmte Erwartungshaltung noch der viel zitierte Glaube an die Sache, noch der Zuspruch eines Arztes notwendig sind, um den gewünschten Effekt zu erzielen.

Selbst Mediziner bringen dem Ergebnis des Schnittwundenversuchs großes Interesse entgegen. Denn schaden kann das Handauflegen keinesfalls.

»Heilende Hände« auf Pflanzen?

Zunächst empfiehlt es sich, die Fähigkeit des Handauflegens zu erwerben. »Therapeutic Touch« steht in Amerika und Kanada in einigen Krankenpflegeschulen auf dem Lehrplan. In die Kunst des Reiki wird man dagegen von ermächtigten Lehrern eingeweiht. Es gibt mehrere Grade. Während Grad I darauf beschränkt ist, sich als Reiki-Kanal zu öffnen und erste Erfahrungen zu machen, betrifft Grad II schon Fernheilung.

Warum soll Fernheilung nicht funktionieren? Zuweilen sind Menschen ganz plötzlich in Sorge um einen anderen, obwohl dieser weit weg ist. Sie erfahren später, dass ihm in genau jenem Moment der Angst etwas zugestoßen ist. Gibt es unsichtbare Verbindungen über räumliche Distanzen hinweg?

Fernheilung – Geistheilung

Auch wenn man der Sache skeptisch gegenübersteht: Schon Lügendetektorspezialist Cleve Backster sagt, dass seine Pflanzen auf Distanz »spüren«, wenn es ihm schlecht geht. Und es gibt Experimente, bei denen angeblich durch den bloßen Gedanken an eine Pflanze Energie übertragen wird.

Selbst ausprobieren

Machen Sie am besten Ihre eigenen Erfahrungen – zunächst ausschließlich mit »Handauflegen«, später vielleicht auch mit Fernbehandlung.
● Zupfen Sie dafür von einer gesunden Pflanze, etwa einem kräftigen Baum in freier Natur, zwei Blätter ab. Diese werden, getrennt von ihrem »Körper« und ihrer Nahrungsquelle, vertrocknen. Legen Sie die Blätter in einem Abstand von etwa einem halben Meter an einen Ort, wo sie gleichen Bedingungen ausgesetzt sind. Das heißt: Temperatur, Feuchtigkeit und Licht müssen absolut identisch sein. Einziger Unterschied: Über eines der Blätter halten Sie einmal täglich fünf Minuten Ihre Hand. Berühren Sie das Blatt dabei niemals, sondern halten Sie etwa einen Abstand von vier bis fünf Zentimetern ein. Das andere Blatt ignorieren Sie vollkommen. Welches Blatt verdorrt zuerst, und welcher zeitliche Abstand liegt zwischen dem Vertrocknen beider Blätter? Sie halten das Ergebnis für einen Zufall? Probieren Sie es mehrfach, und tauschen Sie die Plätze. Halten Sie die Hand also diesmal über das Blatt, das an dem Platz liegt, der vorher dem Blatt gehörte, das von Ihnen ignoriert wurde.

- Wenn Sie den ersten Test erfolgreich abgeschlossen haben, probieren Sie es mit der Fortsetzung. Prägen Sie sich das Bild der beiden nebeneinander liegenden Blätter genau ein. Stellen Sie sich dann, wenn Sie nicht im Zimmer sind, vor, wie die beiden Blätter dort liegen und wie Sie einem gut zureden, es möge am Leben bleiben. Nehmen Sie auf keine andere Art Kontakt auf. Denken Sie nur liebevoll und ermutigend an das eine Blatt, während Sie das andere links liegen lassen oder sogar in Gedanken beschimpfen. Sehen Sie einmal täglich oder vielleicht im Abstand von jeweils zwei Tagen, ob und wie sich die Blätter verändern.

Auch an lebenden Pflanzen testen

Was Sie an ausgerissenen Blättern probiert haben, können Sie natürlich auch bei lebenden Pflanzen anwenden. Dass man im Seminar über die verschiedenen Methoden der Handheilung sicher Interessantes und für die Behandlung von Mensch und Tier Wichtiges lernen kann, ist unbestritten. Allerdings gibt es keine Kurse, bei denen bestimmte Handhaltungen oder grundlegende Handpositionen zur Heilung von Pflanzen verraten werden. Versuchen Sie Ihr Glück deshalb ruhig ohne Seminar.

- Halten Sie die leicht gewölbte Hand, mit der Handfläche zur Pflanze zeigend, über die Blüte, ein verletztes Blatt oder eine Frucht, die das Gewächs trägt. Der Abstand sollte ungefähr fünf Zentimeter betragen.
- Verkrampfen Sie sich nicht. Halten Sie die Hand ruhig rund drei bis fünf Minuten in der gleichen Position.
- Spüren Sie, ob Sie das Energiefeld ertasten können. Fühlen Sie Wärme oder Kälte oder vielleicht ein Kribbeln?
- Konzentrieren Sie sich auf Ihre Hand und das Empfinden. Sie können aber auch Meditationsübungen durchführen, einfach an etwas besonders Angenehmes denken oder sich die Pflanze, um die Sie sich gerade kümmern, in voller Pracht vorstellen.
- Sorgen Sie für eine ruhige, entspannte Atmosphäre.
- Führen Sie die Behandlung einmal täglich durch. Sie können darüber Protokoll führen, ob sich Blattschäden verändern, und wenn ja, wie. Ziehen Sie dabei aber auch zusätzliche Behandlungen wie Düngen, Umräumen auf einen anderen Platz und andere in Betracht.

Nehmen Sie sich für den Versuch ein paar Tage Zeit. Nach wenigen Stunden werden Sie noch keine Beobachtung machen können. Lassen Sie sich und der Pflanze Zeit zu reagieren.

Pflanzenporträts von A–Z

Nach so vielen Informationen über Energiefelder kommt nun die Praxis. Hier werden beliebte Zimmerpflanzen mit botanischen Daten, Pflegetipps und Hinweisen auf ihre energetische Besonderheit vorgestellt. So können Sie überprüfen, wo Sie vorhandene Pflanzen am besten platzieren, weil Sie ihre Eigenschaften an einem Ort mehr benötigen als an einem anderen. Zudem können Sie hier nachschlagen, wenn Sie sich etwas Neues anschaffen möchten. Haben Sie ein Problem oder eine Beschwerde und wollen Sie mit Hilfe von Pflanzen für Besserung sorgen, schauen Sie unter »Pflanzenenergie nutzen« (siehe Seite 91) nach.

Aloe *(Aloe)*

Die aus Südafrika stammende Aloe ist eine unauffällige Pflanze. Sie ist anspruchslos und hält einen Pflanzensaft bereit, der die Wundheilung beschleunigt und den Juckreiz nach Insektenstichen mindert.

● Pflegetipps: Die Heimat der Aloe ist Südafrika. Daraus resultiert ihr Standortwunsch: volle Sonne, dazu Wärme im Sommer und ein kühles Plätzchen (nicht mehr als 10 °C) im Winter. Vom Frühjahr bis in den Herbst mäßig, im Winter kaum gießen. Staunässe am Ballen vermeiden.

● Optische Wirkung: Die dickfleischigen dunkelgrünen Blätter mit ihrer zarten Maserung wirken beruhigend und entspannend. Aloe strahlt eine gewisse Bodenständigkeit aus, die sich auf Menschen, die Schwierigkeiten haben, zu einer Entscheidung zu kommen, übertragen kann.

● Energetische Wirkung: Aloe bündelt Energie. Personen, die ihre »Erdung« verloren haben, finden dank ihrer Hilfe zu neuer Kraft und zielgerichteter Energie. Naturvölker sprechen der Aloe fast göttliche Kräfte zu, da sie ein wahrer Überlebenskünstler bei Trockenheit ist. Ihre magischen Kräfte sollen sich auf die Menschen übertragen, die mit ihr in Gemeinschaft leben.

Aloe gibt nachts vermehrt Sauerstoff ab. Sie kann deshalb wunderbar im Schlaf- oder Kinderzimmer stehen.

Alpenveilchen *(Cyclamen persicum)*

Sie sind seit jeher beliebte Zimmerpflanzen. Es gibt unzählige Arten in den verschiedensten Blütenfarben. Noch immer denken viele Menschen, dass die Pflanze nach dem Verblühen weggeworfen wird. Das ist verkehrt. Sie gehört zu den mehrjährigen Arten und will alt werden.

● Pflegetipps: Ein heller Platz ist sicher besser geeignet als ein schattiger. Aufgrund seiner Lebensgewohnheiten passt sich das Alpenveilchen aber auch an Halbschatten an. Wählen Sie einen kühlen, frischen Platz, wie etwa das Schlafzimmer. Halten Sie die Pflanze stets mäßig feucht.

● Optische Wirkung: Die dunkelgrünen, meist üppig sprießenden Blätter strahlen Bodenständigkeit und Ruhe aus. Die Wirkung der Blüten hängt u. a. von deren Farbe ab. Generell signalisiert ihre Helligkeit eine gewisse Leichtigkeit und Unbeschwertheit. Rosa oder violette Blüten sprechen den Geist an. Dort, wo jemand künstlerisch kreativ ist, sollte ein Alpenveilchen stehen.

● Energetische Wirkung: Seine Energie ist sehr sanft. Cholerische Menschen werden gezügelt, stille Persönlichkeiten auf »ihrer« Ebene angesprochen. Es vermittelt ein Gefühl von Verständnis und Geborgenheit.

Halten Sie das zarte Alpenveilchen stets feucht. Kurz vor und während der Blüte verträgt es einmal pro Woche etwas Dünger.

Amaryllis *(Hippeastrum)*

Ähnlich wie der Weihnachtsstern ist die Amaryllis eine Pflanze, die für viele zur Adventszeit gehört. Dann gibt es nämlich die Zwiebeln, aus denen die Blütenpflanze, auch Ritterstern genannt, wächst.

● Pflegetipps: Pflanzen Sie die Zwiebel in einen geräumigen Topf mit Einheitserde, so dass sie zur Hälfte herausschaut. Sie braucht einen warmen, hellen Platz und zunächst wenig Wasser. Erst wenn sich ein Trieb bildet, etwas mehr Wasser geben. Von Januar bis ins Frühjahr hinein kann die Amaryllis blühen. Danach den Blütenstängel abschneiden, viel gießen und düngen, damit sich Blätter entwickeln. Im Spätsommer die Wassergabe wieder einschränken und warten, bis die Blätter abgestorben sind. Über Winter die Zwiebel bei etwa 15 °C in Erde ruhen lassen.

● Optische Wirkung: Amaryllen sind ausgesprochen elegante Pflanzen. Der lange Stiel drückt Kraft aus, die trichterförmige Blüte, meist in Rosatönen, wirkt sanft. Die Pflanze hat nichts Wucherndes oder Temperamentvolles an sich. Kein Wunder, dass sie beruhigend wirkt.

● Energetische Wirkung: Amaryllen oder auch Rittersterne sprechen die Emotionen des Menschen an. Hat man sie im Zimmer, wird man nicht gerade motiviert, Bäume auszureißen. Das Herz jedoch wird mit positiver Energie versorgt. Ein frisches Gefühl macht sich breit.

Wenn die Blätter des Philodendrons regelmäßig mit Wasser abgesprüht und von Staub befreit werden, haben sie einen natürlichen Glanz.

Baumfreund *(Philodendron)*

Eine der beliebtesten Topfpflanzen in Nordeuropa. Fast 280 Arten sind bekannt; davon wollen einige klettern, andere bilden einen Stamm. Alle bringen etwas Regenwald in die Wohnung.

● Pflegetipps: Der Baumfreund gehört zu den Aronstabgewächsen und stammt aus Südamerika. Er bevorzugt ein helles bis halbschattiges und vor allem warmes Plätzchen. Zugluft und Temperaturen unter 18 °C sind ihm zuwider. Das Gewächs sollte stets leicht feucht gehalten werden.

● Optische Wirkung: Augenfällig ist das satte Grün des Philodendrons. Seine Blätter wirken kräftig und ein wenig lederartig. Der Baumfreund strotzt vor Kraft und hat die Fähigkeit, diese Kraft zu übertragen. Mutlosen Menschen, die Schwierigkeiten haben, Entscheidungen zu treffen, wird durch seinen Anblick geholfen.

● Energetische Wirkung: Die Energie unterstützt noch die optische Wirkung. Sie ist ungeheuer kraftvoll und wirkt stark auf die Menschen, die in ihrem Umfeld leben. Dort, wo Leistung erbracht werden muss, ist ein Baumfreund eine echte Hilfe. Vorsicht: Er enthält Stoffe, die Haut und Schleimhaut reizen können. Besser nicht im Schlaf- oder Kinderzimmer aufstellen.

Bergpalme *(Chamaedorea elegans)*

Diese Palmenart mit gefiederten Blättern blüht schon in jungen Jahren. Der steife, schlanke Stamm kann bis zu zwei Meter hoch werden.

● Pflegetipps: Zwar mag die Bergpalme auch ein helles Plätzchen, mit Halbschatten kommt sie aber bestens zurecht. In ihrer Heimat Mexiko und Guatemala wächst sie teilweise in dichtem Dschungel und muss sich selbst mit schattigen Standorten abfinden. Da sie aus hohen Bergregionen kommt, will sie es nicht zu warm haben. Über 20 °C sollten es im Sommer nicht sein, im Winter deutlich kühler. Wässern Sie die Palme mäßig, aber regelmäßig. Sie darf nie austrocknen. Ab und zu besprühen.

● Optische Wirkung: Das satte Grün wirkt beruhigend. Nervöse Menschen profitieren von der Anwesenheit einer Bergpalme, auch weil ihr schlanker, eleganter Wuchs nicht aufdringlich wirkt.

● Energetische Wirkung: Für Menschen, die während der Arbeit ständiger Hektik ausgesetzt sind, ist die Bergpalme ideal. Sie vertreibt Nervosität und rückt das Seelenleben ins rechte Gleichgewicht. Gleichzeitig ist sie in der Lage, die Folgen von Elektrosmog zu lindern.

Die Bergpalme empfiehlt sich nicht nur fürs Büro, sondern auch ganz besonders für das Schlafzimmer. Hier sorgt sie für entspannten Schlaf und gute Luft.

Birkenfeige *(Ficus benjamina)*

In der Familie Ficus gibt es unzählige Arten, zu denen auch der Gummibaum (*Ficus elastica*) gehört. Die ausgesprochen beliebte kleinblättrige Birkenfeige verfügt über extrem gute energetische Eigenschaften.

● Pflegetipps: Die Grünpflanze aus der Familie der Maulbeergewächse ist in den Tropen und Subtropen zu Hause. Im Wohnzimmer sollte sie an einem hellen, aber nicht vollsonnigen Platz stehen. Achten Sie darauf, dass die Birkenfeige keine »kalten Füße« bekommt. Die Erde sollte stets der Zimmertemperatur angepasst sein. Besonders viel zu gießen brauchen Sie nicht. Im Sommer darf es etwas mehr sein. Besser ist Luftfeuchtigkeit. Sprühen Sie lieber die Blätter öfter an, anstatt viel Wasser in den Boden zu geben. Staunässe muss unbedingt vermieden werden.

● Optische Wirkung: Wenn sie genug Platz hat und ihre optimalen Lebensbedingungen findet, entwickelt sich die Birkenfeige zu einem Baum, der bis zur Zimmerdecke wachsen kann. Damit zeigt sie eine entsprechende Kraft und Präsenz. Zudem scheint sie ein Stückchen Tropenwald ins Haus zu bringen – ein Effekt, der besonders den Menschen zugute kommt, die sich sehr von der Natur entfernt haben.

Gönnen Sie Ihrem Bogenhanf einen großen Topf. Seine Wurzeln wachsen schnell und kräftig und bringen schon mal ein Pflanzgefäß zum Bersten.

● Energetische Wirkung: Die Energie der Birkenfeige ist sehr stark und wirkt anregend im körperlichen Bereich. Wie kaum eine Pflanze nimmt sie Wohngifte und Elektrosmog auf. Allerdings sollen sich diese Schadstoffe in den Blättern ablagern. Berühren ist daher zu vermeiden. Abgefallene Blätter sollten sofort, mit Schaufel und Feger, entfernt werden.

Bogenhanf *(Sansevieria trifasciata)*

Die Grünpflanze gehört zu den Agavengewächsen. Aus ihren Blättern wurden hanfartige Fasern gewonnen, die Naturvölkern als Sehnen für ihre Bögen dienten. Bogenhanf ist zäh und leicht zu kultivieren.

● Pflegetipps: Bogenhanf mag es sonnig, kommt aber auch mit Halbschatten aus. Das ganze Jahr über erträgt er Zimmertemperatur. Sollte die Temperatur ein paar Grad absinken, kommt er noch immer zurecht und eignet sich deshalb auch für das Schlafzimmer. Kaum Wasserbedarf.

● Optische Wirkung: Bogenhanf besticht durch seine satten grünen Blätter, die sich kräftig in die Höhe recken. Er vermittelt Zielstrebigkeit und Energie. Gleichzeitig wirkt er sanft und beruhigend, so als würde man in ein Aquarium schauen. Seine Blätter sind wellig ineinander verschlungen wie Wasserpflanzen.

● Energetische Wirkung: Die Energie drückt – nicht überraschend – Lebenswillen und Lebensfreude aus. Verzweifelte und schwache Menschen können von Bogenhanf profitieren. Sie nehmen unterbewusst wahr, dass es immer weitergeht, selbst gegen Widerstände an. Auf diese Weise gibt die Pflanze Mut und versorgt mit neuer Lebensenergie. Darüber hinaus wirkt sie sich angenehm auf das Raumklima aus.

Bougainvillea *(Bougainvillea)*

Die Pflanzen erinnern unweigerlich an den sonnigen Süden. Während sie dort im Freien riesengroß werden und sich problemlos an Mauern und Hauswänden emporziehen können, müssen wir uns mit der kleineren Variante für das Wohnzimmer begnügen. Im Handel gibt es Hochstämmchen oder auch Topfpflanzen, die sich an einem Bogen entlangranken. Nicht zu empfehlen ist die *Bougainvillea spectabilis*, eine extrem rasch wachsende Art mit Dornen, die viel Platz braucht.

● Pflegetipps: Die Bougainvillea mag es gern hell, im Sommer warm, im Winter dagegen kühl (nicht unter 10 °C). Sobald die ersten Triebe sprießen, braucht die Pflanze viel Wasser. Ab August kann die Wassergabe bis in den Winter verringert werden. Wenn die Blätter fallen, braucht man nicht mehr zu gießen. Im Frühjahr zurückschneiden.

● Optische Wirkung: Bougainvillea erinnert an unbeschwerte Urlaubstage. Dadurch bringt sie Heiterkeit und Leichtigkeit selbst in düstere Herbsttage. Am häufigsten sind Sorten mit violetten Hochblättern (die Blüten sind unscheinbar klein und gelb), welche den Geist ansprechen. Für Leute, die unter Nervosität oder Kopfschmerzen leiden.

● Energetische Wirkung: Diese Topfpflanze verfügt über eine sehr starke Energie, die sie den Menschen, die mit ihr leben, gern abgibt. Es ist schwer, sich ihrer positiven Ausstrahlung zu entziehen.

Bubiköpfchen (*Soleirolia soleirolii*)

Bubiköpfchen werden gerne verschenkt. Oft findet man sie in Schalen, die mit Käfern, Feder oder anderem Dekor verziert sind. Kein Wunder, denn sie haben eine fröhliche Ausstrahlung.

● Pflegetipps: Bubiköpfchen sind recht anspruchslos. Sie wollen einen hellen oder auch halbschattigen Platz. Mit Zimmertemperatur kommen sie zurecht. Aber auch mit kühlen Temperaturen haben sie kein Problem. Die Pflanze will stets feucht gehalten werden, austrocknen darf sie nie. Sollten Sie ihr allerdings einen sehr kühlen Überwinterungsplatz geben, braucht sie nur ganz wenig Wasser.

● Optische Wirkung: Die Grünpflanze wirkt frech und fröhlich. Kaum jemand kann sich ihrer Ausstrahlung entziehen. Die winzigen, dicht aneinander gedrängten Blätter in leuchtendem Grün erhellen alle Gemüter.

● Energetische Wirkung: Die Energie des Bubiköpfchens ist recht stark. Sie überträgt sich auf den Menschen, der im direkten Umfeld lebt. Für antriebslose Wesen ist diese Wirkung positiv, Energie macht sich breit. Nervöse Personen sollten sich nicht mit mehreren Pflanzen umgeben. Es kann sonst passieren, dass die Betreffenden viele Dinge beginnen wollen, aber nichts zu Ende führen.

Auf Sardinien und auf Korsika kann man Bubiköpfchen wie Unkraut wachsen sehen. Sie nisten sich zwischen Mauern und Felsen ein.

Dickblatt *(Crassula)*

Es gibt rund 300 Crassula-Arten, von denen *Crassula arborescens* und *Crassula ovata* die bekanntesten Zimmerpflanzen sind. Typisch sind die runden dickfleischigen Blätter. Bei guter Pflege und ausreichender Zuwendung kann das Dickblatt, auch Geldbaum genannt, sehr alt und stattlich werden. Es kann sich zu einem richtigen Baum mit knorrigem Stamm entwickeln. Bis er blüht, dauert es allerdings meist zehn Jahre und mehr.

● Pflegetipps: Stellen Sie das Dickblatt an einen hellen oder auch recht sonnigen Platz. Im Sommer hat die Pflanze es gern warm, im Winter liebt sie es kühl. Mehr als 12 °C sollten es nicht sein. Im Sommer nur mäßig gießen, während der Überwinterung fast gar nicht mehr.

● Optische Wirkung: Die dicken fleischigen Blätter wirken auf manche Menschen geradezu appetitlich. Dieses Gefühl überträgt sich auf eine allgemeine Lebenslust: alles bewusst genießen, aus dem Vollen schöpfen, die Zukunft gelassen auf sich zukommen lassen. Wer damit Schwierigkeiten hat, ist mit der Pflanze gut bedient.

● Energetische Wirkung: Das Dickblatt trägt den Beinamen Geldbaum, weil es seit jeher heißt, er fülle den Geldbeutel seines Besitzers. Auf jeden Fall schenkt er ihm Heiterkeit und eine positive Grundeinstellung. Vielleicht erreichen Menschen, die davon profitieren, beruflich mehr und ernten schließlich auch materiellen Reichtum.

Achtung: Ein Dickblatt von einem Meter Höhe ist schwer! Verwenden Sie deshalb unbedingt einen ausreichend großen Topf, der genug Erde aufnehmen kann und standfest ist.

Dieffenbachie *(Dieffenbachia)*

Eine klassische Grünpflanze. Es gibt zahlreiche Züchtungen, von denen besonders die Sorte »Tropic Snow« bekannt ist. Sie hat breite, grün geränderte Blätter, die innen cremeweiß mit grünen Sprenkeln sind.

● Pflegetipps: Die Dieffenbachie mag es weder zu hell noch zu dunkel. Ein halbschattiger Platz mit ganzjähriger Wärme ist optimal. Wechselnde Standorte mag sie ebenso wenig wie Durchzug. Sie benötigt kalkarmes Wasser. Im Sommer sollte sie stets feucht sein, im Winter kann das Wässern leicht eingeschränkt werden.

• Optische Wirkung: Ihre kräftigen Blätter strahlen Stärke aus. Die Pflanze scheint in sich zu ruhen. Diese Eigenschaft kann sich durchaus auf den Betrachter übertragen. Extrem gesprenkelte Sorten können allerdings auch nervös machen.

• Energetische Wirkung: Die Dieffenbachie steigert die Konzentrationsfähigkeit. Ihre Energie wirkt kräftigend und nachhaltig. Außerdem filtert sie einige Wohngifte aus der Luft. Vorsicht: Alle Pflanzenteile enthalten einen giftigen Saft, der die Haut und die Schleimhäute reizt. Deshalb auf keinen Fall ins Schlaf- oder Kinderzimmer stellen!

Drachenbaum *(Dracaena)*

Drazänen gehören zu den beliebtesten Grünpflanzen, da sie eine gefällige Erscheinung und positive Eigenschaften haben.

• Pflegetipps: Wählen Sie einen hellen, aber niemals vollsonnigen Platz, der das ganze Jahr über warm ist. Die Pflanze sollte stets leicht feucht gehalten werden. Extreme mag sie nicht. Weder Staunässe noch einen trockenen Ballen akzeptiert sie über einen längeren Zeitraum. Im Sommer braucht der Drachenbaum alle zwei bis drei Wochen etwas Dünger.

• Optische Wirkung: Drachenbäume haben zwar teilweise Blätter mit weißen oder roten Streifen. Die Farbe Grün dominiert zweifellos. Sehr zarte Nuancen finden sich manchmal auf ein und demselben Blatt neben dunkelgrünen Streifen. Damit erinnert das Gewächs an Natur pur und die Undurchdringlichkeit des Dschungels.

Ein ganz großer Vorteil des Drachenbaums liegt in seiner Fähigkeit, Wohngifte und Elektrosmog abzufangen.

• Energetische Wirkung: Seine Energie ist deshalb so angenehm, weil er stets harmonisierend wirkt. Schwache Menschen werden von ihm angeregt, aufgedrehte Persönlichkeiten finden zu ihrer Mitte zurück.

Elefantenfuß *(Beaucarnea recurvata)*

In Mexiko, wo das Agavengewächs zu Hause ist, kann der Strauch bis zu zehn Meter hoch werden. Im Topf sind seine Ausmaße eher bescheiden.

• Pflegetipps: Der Elefantenfuß braucht viel Licht und verträgt auch volle Sonneneinstrahlung. Staunässe bringt ihn um. Gießen Sie daher

Der Elefantenfuß, auch Flaschenbaum oder Wasserpalme genannt, gehört zu den Agavengewächsen. Auffallend ist der krustige dicke Stamm, der nach oben schmal wird und tatsächlich an den Fuß eines Dickhäuters erinnert.

nur mäßig, im Winter fast gar nicht. Keine Sorge: Der Wasserspeicher im Stamm verhindert vollständiges Austrocknen. Die Pflanze will im Winter nicht warm, aber auch nicht bei Temperaturen unter 10 °C stehen.

● Optische Wirkung: Die Farbkombination (brauner Stamm und schlanke grüne Blätter) wirkt beruhigend. Die Ursprünglichkeit, die der Elefantenfuß vermittelt, kann einen verloren gegangenen Bezug zur Natur wiederherstellen. Besonders in Arbeitsräumen, die mit moderner Technik voll gestopft sind, kommt diese Wirkung gut zur Geltung.

● Energetische Wirkung: Man sagt dem Elefantenfuß nach, dass er die Sonne, die er so dringend benötigt, auch wieder abgibt. Er hellt düstere Stimmungen auf und macht Mut. Im Übrigen gehört er zu den ausgesprochen kraftvollen Pflanzen mit hohem Energiepotenzial.

Fensterblatt *(Monstera deliciosa)*

Für ein Fensterblatt brauchen Sie Platz. Bei guter Pflege können sich nämlich Triebe von rund vier Meter Länge entwickeln. Hinzu kommen meist kräftige Luftwurzeln, die nicht abgeschnitten werden sollen.

● Pflegetipps: Die imposante Grünpflanze bevorzugt einen hellen Ort, zur Not geht es auch an einem halbschattigen Plätzchen. Auf Wärme verzichtet sie nicht. Die Temperatur sollte nie unter 18 °C fallen. Auch Luftfeuchtigkeit ist wichtig. Sprühen Sie die großen Blätter regelmäßig ab. Und sie braucht unbedingt einen Halt, nach dem die Triebe greifen können.

● Optische Wirkung: Ein Fensterblatt beeindruckt und fällt auf. Seine großen grünen Blätter mit den geschwungenen Einschnitten thronen geradezu auf ihren Stängeln wie Köpfe auf ihren Hälsen. Das Fensterblatt übt durch seine Farbe eine beruhigende Wirkung aus. Erreicht es jedoch eine bestimmte Größe, kann es auch beängstigend wirken. Manche Menschen fühlen sich in der Nähe eines großen Exemplars unbehaglich, weil es ihnen wie ein Ungeheuer mit vielen Köpfen vorkommt.

● Energetische Wirkung: Sein Energiefeld ist ausgleichend. Dort, wo viele Menschen miteinander zu tun haben, kann es seine Kraft entfalten. Die Pflanze hat auch einen positiven Einfluss auf das Raumklima.

Flamingoblume *(Anthurium)*

Die ganzjährig blühende Flamingoblume gehört zu den so genannten Aronstabgewächsen. Auffallend sind die stabförmige Blüte, die die Farbe eines Flamingos hat, und das ebenso gefärbte Hochblatt.

● Pflegetipps: Die Flamingoblume ist im tropischen Regenwald zu Hause. Deshalb mag sie das ganze Jahr über Wärme und Feuchtigkeit. Sie liebt es hell, will allerdings nicht direkt in der Sonne stehen. Sie verträgt kein kalkhaltiges kaltes Wasser. Die Erde sollte stets feucht sein. Staunässe ist, wie bei so vielen Pflanzen, zu vermeiden. Von März bis September mag die Flamingoblume eine kräftige Düngung. Einmal die Woche ist nicht zu oft, doch bitte nur geringe Düngermengen.

● Optische Wirkung: Bei dieser Art finden wir eine interessante Kombination aus Rot und Grün. Die rote Blüte mit dem erwähnten Hochblatt zieht die Blicke des Betrachters auf sich. Sie strahlt Selbstbewusstsein aus und spornt den Betrachter zu Aktivität an. Die breiten grünen Blätter sorgen als ausgleichender Pol dafür, dass der Reiz der roten Farbe nicht zu stark wirkt.

● Energetische Wirkung: Die Energie der Flamingoblume ist ausgesprochen groß. Zurückhaltende Menschen fühlen sich von ihr angestachelt, aus sich herauszugehen.

Die Blüte der Flamingoblume erinnert tatsächlich an den Kopf eines Flamingos.

Fleißiges Lieschen *(Impatiens)*

Wie im Kapitel über Feng Shui erwähnt, steht das Fleißige Lieschen gern in Gruppen. Das tut ihm nicht nur gut, sondern sieht auch hübsch aus, vor allem wenn man Arten mit verschiedenen Blütenfarben kombiniert.

● Pflegetipps: Die meisten Sorten mögen einen halbschattigen Platz und das ganze Jahr hindurch Zimmertemperatur. Im Sommer brauchen Fleißige Lieschen regelmäßig Wasser, im Winter dagegen nimmt ihr Durst ab. Eine kleine Düngermenge vertragen sie meist recht gut. Fleißige Lieschen brauchen Kraft, schließlich blühen sie ihrem Namen entsprechend fleißig das ganze Jahr hindurch.

● Optische Wirkung: Sie wirken allein eher schutzbedürftig, grazil und zart. In Gruppen dagegen strahlen sie eine kräftige Portion

Selbstbewusstsein aus. Vorsicht bei mehreren Pflanzen: Stellen Sie immer einige Exemplare mit weißen Blüten dazwischen. Eine größere Gruppe von ausschließlich in Rottönen blühenden Lieschen kann aggressiv und nervös machen.

● Energetische Wirkung: Das Energiefeld dieser Zimmerpflanze regt Menschen zu mehr Aktivitäten an. Deshalb ist sie für diejenigen geeignet, die müde und antriebslos sind. Mehrere Exemplare steigern die Wirkung. Ohnehin schon sehr aktive und vielleicht sogar nervöse Menschen sollten höchstens ein einzelnes Gewächs aufstellen.

Bevorzugen Sie Paphiopedilum-Hybriden. »Echter« Frauenschuh würde nämlich aussterben, wenn alle Orchideenliebhaber ihn in ihr Wohnzimmer holen würden.

Frauenschuh *(Paphiopedilum)*

Es gibt rund 60 reine Paphiopedilum-Arten und zahlreiche Züchtungen (Hybriden), die in gut sortierten Gärtnereien angeboten werden.

● Pflegetipps: Die Hybriden sind recht pflegeleicht. Sie bevorzugen im Sommer einen halbschattigen Platz, im Winter einen hellen. Zimmertemperatur ist das ganze Jahr hindurch geeignet. Gießen Sie stets mäßig. Ein guter Maßstab ist der Fingertest. Erst wenn die Erdoberfläche im Topf sich trocken anfühlt, sollte wieder wenig gewässert werden. Besprühen Sie die Orchidee ab und zu, um die Luftfeuchtigkeit zu erhöhen.

● Optische Wirkung: Die grünen Blätter sind eher unscheinbar. In der Blütezeit zeigt sich der Frauenschuh allerdings in ganzer Schönheit. Seine Blüten, die tatsächlich an einen Schuh erinnern, können gelb, braun, grün oder purpurn sein und sind oft gefleckt oder gestreift. Die geradezu kunstvollen Gebilde flößen dem ein oder anderen Ehrfurcht ein. Menschen, die sich selber nichts zutrauen, sollten die Orchidee hin und wieder ein paar Minuten betrachten. Sie werden vielleicht eine Idee bekommen, etwas ganz Neues anzufangen.

● Energetische Wirkung: Der Frauenschuh, oder auch Venusschuh genannt, spricht die Emotionen und das Unterbewusstsein stark an. Man sollte die Pflanze an Orte stellen, wo Menschen einander begegnen und miteinander reden. Übrigens ist diese Orchideenart ausgesprochen gesellig. Nach der Blüte bildet sie neue Rosetten, die im Folgejahr blühen. Teilen Sie diese nicht, sondern lassen Sie die Gruppe dicht zusammen!

Grünlilie, Graslilie *(Chlorophytum comosum)*

Das Liliengewächs ist ein gern gesehener Gast in vielen Wohnzimmern. Es ist anspruchslos und bildet in kurzer Zeit zahlreiche Ableger aus.

● Pflegetipps: Hier können Sie wirklich kaum etwas falsch machen. Die Pflanze verträgt einen sonnigen Platz ebenso wie einen halbschattigen. Mit dem Gießen ist es etwas schwieriger. Staunässe kann nämlich zum Faulen der Wurzeln führen. Wer regelmäßig leicht wässert, liegt richtig. Zusätzlich können Sie die langen schlanken Blätter ab und zu besprühen.

● Optische Wirkung: Die Grünlilie wirkt hell und frisch. Auffallend ist vor allem ihr üppiger Wuchs. Einerseits schenkt die Pflanze Entspannung durch ihr üppiges Grün. Andererseits weckt sie schlummernde Kräfte, weil sie so unbeirrbar wuchert.

● Energetische Wirkung: Holen Sie sich eine Grünlilie ins Haus, wenn Sie das Gefühl haben, vor einem unlösbaren Problem zu stehen. In scheinbar ausweglosen Situationen schenkt das Gewächs neue Zuversicht und versorgt mit geradezu überströmender Energie. Übrigens: Die Lilie »schluckt« Wohngifte!

Um die Grünlilie zu vermehren, braucht man nur die Ausläufer von der Mutterpflanze abzutrennen und in einen neuen Blumentopf mit frischer Erde zu stecken.

Haarfarn *(Adiantum)*

Charakteristisch für die unterschiedlichen Haarfarne, auch Frauenhaarfarne genannt, sind die drahtigen dünnen, dunkelbraun bis schwarz gefärbten Stiele. Die Art besticht durch die duftig zarten hellgrünen Blätter. Besonders hübsch ist die Sorte *Adiantum tenerum scutum roseum,* deren junge Blätter einen rötlichen Schimmer haben.

● Pflegetipps: Diese Farne mögen keine direkte Sonneneinstrahlung, sondern bevorzugen Halbschatten. Wärme in Verbindung mit hoher Luftfeuchtigkeit ist ihr Lebenselixier. Gießen Sie den Haarfarn mäßig, aber regelmäßig mit zimmerwarmem kalkarmen Wasser. Sein Ballen darf niemals austrocknen.

Während des Sommers ist eine schwache, regelmäßige Düngung (Hydrodünger) angebracht.

Während der Heizperiode sollten Sie Haarfarn regelmäßig durch Besprühen befeuchten. Um der tropischen Pflanze die besten Bedingungen zu bieten, stellen Sie sie am besten in ein geschlossenes Blumenfenster oder ins Badezimmer.

● Optische Wirkung: Das leuchtend helle Grün wirkt aufheiternd und stellt eine Verbindung zur Natur her. Der meist üppige Wuchs unterstützt diese Wirkung. Lehnen Sie sich in hektischen Phasen für einen Moment zurück, betrachten Sie den Farn, und lassen Sie Ihre Gedanken treiben. Entspannung und eine gelöst-heitere Stimmung stellen sich ein.

● Energetische Wirkung: Der Haarfarn oder Frauenhaarfarn steht gern allein oder mit seinesgleichen zusammen, um seine Energie zu entfalten. Er stärkt die Kraft der Menschen, die mit ihm leben, und fördert ihr Selbstbewusstsein. Die ausladende, üppige Pracht überträgt sich auf den Betrachter. Scheue Personen finden durch diese Pflanze häufig den Anstoß, aus sich herauszugehen.

Hibiskus (Hibiscus rosa-sinensis)

Ein Hibiskusstrauch kann bis zu drei Meter hoch werden, seine trichterförmigen Blüten bis zu 15 Zentimeter groß. Ein solches Exemplar ist natürlich ein besonderer Blickfang. Aber auch kleinere Ausgaben der Malvengewächse mit ihren gelben, roten oder rosa Blüten sind ausgesprochen gefällige Zimmerpflanzen.

● Pflegetipps: Hibiskus stammt aus den Tropen. Er mag Helligkeit und verträgt sogar volle Sonne. Vorsicht ist geboten, wenn Sie die Pflanze im Sommer ins Freie stellen wollen. Gewöhnen Sie sie dann behutsam an die Sonne, damit sie keine Brandflecken bekommt. Wenn Sie Hibiskus bei etwa 15 °C überwintern lassen, stehen die Chancen gut, dass sich eine reiche Blütenpracht bildet, die von März bis Oktober dauert. Auch Dünger unterstützt die Blütenbildung, ebenso reichlich Wasser. Im Winter wird wenig gegossen. Vom Frühjahr bis September ist er dagegen sehr durstig.

● Optische Wirkung: Das dunkle Blattgrün und der üppige Wuchs wirken beruhigend. Die Blüten vermitteln Eleganz. Viele Menschen empfinden Hibiskus zwar als sehr schön, aber auch als überlegen und sogar überheblich. Gerade schüchterne Charaktere können sich von der Pflanze überfordert fühlen.

● Energetische Wirkung: Das kraftvolle Energiefeld des Hibiskus wirkt auf viele geradezu ansteckend. Einige verschlossene Persönlichkeiten öffnen sich unter seinem Einfluss.

Jasmin *(Jasminum)*

Die Blütenpflanze aus der Familie der Ölbaumgewächse ist in China, Indien und Sri Lanka zu Hause. Mit ein wenig Aufwand kann man sie gut im Wohnzimmer halten. Sie braucht allerdings ein Spalier oder einen Bogen, damit ihre Triebe daran hochklettern können.

● Pflegetipps: Jasmin braucht das ganze Jahr viel Licht, dafür aber keine starke Wärme. Ein kühler, luftiger Ort ist ihr gerade recht. Im Winter sollte die Temperatur sogar unter 10 °C liegen. Steht sie wärmer, bildet sie nur schwer Blüten. Während das Gewächs im Sommer regelmäßig etwas Wasser und möglichst auch Dünger braucht, geht der Bedarf im Winter drastisch zurück. Wichtig: Gießen Sie nur mit zimmerwarmem kalkfreiem Wasser.

● Optische Wirkung: Die filigranen grünen Blätter und die weißen Blüten verleihen dem Jasmin ein ausgesprochen zerbrechliches Aussehen. Er weckt Beschützerinstinkte und wirkt besänftigend.

● Energetische Wirkung: Jasmin gehört zu den Pflanzen, die den Menschen an die schönen Dinge des Lebens erinnern. Er besänftigt erhitzte Gemüter, sorgt für gute Laune und eine angenehme Atmosphäre.

Jasmin ist eine sinnliche Pflanze. Man kann sie als Tischdekoration für ein romantisches Abendessen nehmen. Sie spricht die sexuellen Energien an und verstärkt sie.

Kroton *(Codiaeum)*

Die attraktive Pflanze gehört zu den Wolfsmilchgewächsen. Es gibt sie in zahlreichen Variationen, mit großen oder kleinen, glatten oder in sich gedrehten Blättern, die rot, gelb und sogar purpurn gemasert sein können.

● Pflegetipps: Die aus Südostasien stammende Pflanze braucht viel Licht, um all ihre Farbnuancen entfalten zu können. Direkte Sonne mag sie jedoch nicht. Wärme ist das ganze Jahr über erforderlich, Zugluft ist unbedingt zu vermeiden. Da der Kroton, auch Wunderstrauch genannt, aus luftfeuchten Gebieten stammt, sollte er häufig besprüht werden.

67

● Optische Wirkung: Gerade Sorten mit großen ledrig glänzenden Blättern strahlen Stärke aus, die sich auf den Betrachter überträgt. Für nervöse, fahrige Personen sind sie angenehme Hausgenossen.

● Energetische Wirkung: Der Kroton baut Wohngifte ab. Deshalb und weil er dazu ermuntert, eine Aufgabe von Anfang bis Ende kraftvoll zu bewältigen, ist er für Arbeitsräume geeignet. Sein Milchsaft ist giftig!

Lanzenrosette (Aechmea)

Die Gattung Aechmea umfasst rund 150 Arten. Im Handel finden wir in erster Linie die rosa blühende *Aechmea fasciata* und *Aechmea fulgens* mit ihren korallenfarbenen Blüten. Die Lanzenrosette mutet exotisch an mit ihren stacheligen, trichterförmig angeordneten Blütenblättern, die in lange und breite grüne Blätter eingebettet sind. Die Pflanze blüht von Mai bis Oktober. Jede Blattrosette blüht allerdings nur ein einziges Mal.

● Pflegetipps: Die Heimat der Lanzenrosette ist Brasilien. Es ist nicht verwunderlich, dass sie das ganze Jahr hindurch Wärme mag. Mit Heizungsluft kann sie leben, mit einem Temperaturabfall unter 18 °C dagegen nicht. Die Aechmea braucht viel Licht, mag aber keine direkte Sonneneinstrahlung. Geben Sie beim Gießen das weiche Wasser in den Trichter, der sich zwischen den Blättern bildet. Die Pflanze braucht wenig Wasser. Vom Frühjahr bis zum Herbst wird sie mäßig gegossen. In den Wintermonaten reicht es, sie gerade eben vor dem Austrocknen zu schützen. Sie mag es, wenn man ihre Blätter einmal im Monat besprüht.

● Optische Wirkung: Eine blühende Lanzenrosette ist zweifellos ein Blickfang. Solange sie noch nicht blüht, wirken die dunkelgrünen Blätter mit der weißen Marmorierung entspannend. Das Nervensystem wird gestärkt. Vorsicht ist bei Arten mit leuchtend roten Blüten geboten. Die Kombination von Rot und stacheliger Blüte kann aggressiv machen.

● Energetische Wirkung: Unter dem Aspekt der Energie ist die Aechmea nicht ganz unkompliziert. Ihre »Stacheln« strahlen eine klare Abwehrhaltung aus. Das Energiefeld unterstützt diesen Eindruck. Impulse werden pfeilartig ausgesendet. An Orten, wo Harmonie besonders

Lanzenrosetten kann man zum Blühen bringen, indem man die Pflanze zusammen mit zwei oder drei reifen Äpfeln in eine lichtdurchlässige Plastikhaube einschließt und bis zu zehn Tage stehen lässt.

gefragt ist, sollte man die Lanzenrosette nicht unbedingt aufstellen. Auch im Schlaf- oder im Kinderzimmer hat sie nichts zu suchen. Dagegen kann sie am Arbeitsplatz zielstrebiges Handeln unterstützen.

Marante *(Maranta)*

Die Grünpflanze, auch als Pfeilwurz bekannt, ist im tropischen Regenwald zu Hause. Es gibt zahlreiche Sorten, die sich als Topfpflanzen kultivieren lassen. Sie alle haben schön gezeichnete Blätter.

● Pflegetipps: Maranten mögen es hell, scheuen aber direkte Sonneneinstrahlung. Sie brauchen das ganze Jahr über viel Wärme. Unter 18 °C sollte die Temperatur nie fallen. Deshalb eignen sie sich nicht für Schlafzimmer oder kalte Hausflure. Über den Winter brauchen die Maranten nur sehr wenig, im Sommer dagegen viel Wasser. Luftfeuchtigkeit sind sie gewohnt.

● Optische Wirkung: Die Marante besticht durch die Maserung ihrer Blätter. Der Grundton ist meist smaragdgrün mit dunklen oder helleren Flecken. Die Farbe wirkt angenehm beruhigend, aber keineswegs einschläfernd. Die runden, dicht stehenden Blätter haben eine harmonisierende Wirkung auf ihre Umwelt.

● Energetische Wirkung: Maranten geben eine kräftigende Energie ab. Sie motivieren und regen gerade zu geistigen Tätigkeiten an. Sie sind für Arbeitsräume bestens geeignet, da sie für ein besonders gutes Raumklima sorgen.

Maranten kann man leicht vermehren, indem man beim Umtopfen einfach die Pflanze teilt und in neue Töpfe mit frischer Erde pflanzt.

Myrte *(Myrtus communis)*

Wer je auf Sardinien oder Korsika war, wird den Anblick und den Geruch der Macchia nicht vergessen, jener wilden Buschlandschaft, deren typischer Teil die Myrte ist. Die kleinen Blätter duften würzig, aus den Beeren wird ein Kräuterschnaps hergestellt.

● Pflegetipps: Die Myrte ist es gewohnt, in der prallen Sonne zu stehen. Sie liebt einen luftigen warmen Platz. Im Winter ist eine Temperatur von 10 °C ideal. Verwenden Sie kalkarmes Wasser zum Gießen. Im Sommer sollte die Myrte regelmäßig leicht feucht gehalten werden. Im Winter dagegen darauf achten, dass sie gerade noch feucht

69

ist. Weder »nasse Füße« noch Ballentrockenheit bekommen ihr. Sollten die Zweige zu stark sprießen, dürfen Sie diese gern ab und zu leicht zurückschneiden.

● Optische Wirkung: Die saftigen kleinen Blätter, die winzigen Beeren und die fiedrigen weißen Blüten ergeben eine zauberhafte Kombination. Kein Wunder, dass die Myrte bei den Griechen einst Symbol für Jugend und Schönheit war. Gleichzeitig hat sie etwas Ursprüngliches an sich, das Menschen hilft, sich auf das Wesentliche zurückzubesinnen.

● Energetische Wirkung: Die Energie der Myrte ist schwer zu beschreiben. Einerseits ist sie leicht und geradezu ätherisch, andererseits kommt sie mit ungeheurer Stärke daher, die sie abzugeben bereit ist.

Orangenbaum (Citrus)

Unter den verschiedenen Citrus-Arten werden Orangen-, Zitronen- und Kumquatbäume als Zimmerpflanzen gehalten. Sie sind sehr beliebt, denn sie vermitteln südliches Flair und scheinen die Sonne ins Haus zu bringen. Ihre immergrünen Blätter sind attraktiv, die Blüten hübsch und duftend. Und die Früchte, die, wenn sie eine bestimmte Reife erreichen, essbar sind, machen den Reiz dieser Pflanzengruppe aus. Leider ist es nicht ganz leicht, die sensiblen Pflänzchen zum Blühen und Fruchten zu bringen. Stellen Sie sie im Sommer an einen geschützten Platz im Freien, damit Insekten die Chance haben, die Befruchtung zu übernehmen.

● Pflegetipps: Alle Arten brauchen viel Licht und vertragen volle Sonne. Im Sommer sind sie durstig. Kalk ist jedoch ihr Feind. Wählen Sie daher unbedingt kalkfreies Wasser! Auch leichte Düngergaben sind im Sommer angebracht. Im Winter nicht düngen und nur wenig gießen.

● Optische Wirkung: Sattes, meist dunkles Grün das ganze Jahr über verleiht den vielen Citrus-Arten eine bodenständige Wirkung. Das leuchtende Gelb oder Orange der Früchte wird von der menschlichen Seele wie reines Sonnenlicht aufgenommen.

● Energetische Wirkung: Orangenbäumchen und ihre Verwandten stoppen Aggressionen und haben eine durchweg positive Ausstrahlung.

Achtung: Während der Blütezeit kann der eigentlich angenehme Duft vieler Citrus-Arten sehr stark sein. Nicht im Schlafzimmer aufstellen! Das Aroma kann Kopfschmerzen verursachen.

70

Pantoffelblume *(Calceolaria-Hybriden)*

Ihr Name kommt nicht von ungefähr: Die Blüten der Pantoffelblume sehen kleinen Schuhen tatsächlich verblüffend ähnlich
(Calceolus = kleiner Schuh). Beliebt ist die Topfpflanze, weil sie
von Januar bis Mai blüht, also dann, wenn die meisten Arten
noch winterlich trostlos aussehen. Schade ist allerdings, dass
sowohl die Calceolaria-Hybriden als auch die *Calceolaria integri-
folia*, die draußen gedeiht, nur einjährig sind, das heißt nach der
Blüte weggeworfen werden.

● Pflegetipps: Helligkeit ist für die Zimmerpflanze in Ordnung. Volle
Sonne mag sie jedoch genauso wenig wie Hitze. Die Temperatur sollte 20 °C nicht übersteigen. Ein helles Plätzchen im Schlafzimmer kann
ein guter Standort sein. Die Pantoffelblume ist durstig. Vermeiden Sie
jedoch Staunässe. Gießen Sie einfach eine Stunde nach dem Wässern
überschüssige Flüssigkeit, die sich im Topf gesammelt hat, ab.

● Optische Wirkung: Es gibt viele Züchtungen, die alle mit kräftigen
Blütenfarben bestechen. Besonders die einfarbig gelben oder orangen Arten wirken stärkend und heitern auf. Wer zu depressiven Stimmungen
im Winter neigt, sollte sich Pantoffelblumen ins Haus holen.

● Energetische Wirkung: Die Energie der Pantoffelblume ist absolut
positiv. Stellen Sie mehrere Exemplare in einer kleinen Gruppe zusammen. Die Blume mag Gesellschaft und verströmt mehr Energie.

**Unter den Pantoffel-
blumen gibt es echte
Raritäten, die das
Herz jeden Botani-
kers höher schlagen
lassen.**

Porzellanblume *(Hoya)*

Diese Pflanze bringt zarte Blüten mit feinem Duft hervor. Es
gibt etwa 200 Sorten dieser Pflanze. Für die richtige Wahl ist
der Platz entscheidend, an dem sie stehen soll. Die *Hoya carno-
sa* wächst schnell und üppig und möchte die Möglichkeit haben, sich an
etwas entlangzuranken. Die *Hoya bella* dagegen ist wesentlich zier-
licher und zurückhaltender.

● Pflegetipps: Sie mag es hell bis vollsonnig, im Sommer warm, im
Winter gern 4 bis 5 ° C kühler. Besonders durstig ist sie nicht. Gießen Sie
im Sommer regelmäßig ein wenig. Im Winter braucht sie noch weniger

Die Porzellanblume, auch als Wachsblume bekannt, gehört zu den Seidenpflanzengewächsen. Ihr Name weist auf ihre Blüten hin, die wie weißes Porzellan schimmern.

Feuchtigkeit. Wenn sich von Mai bis etwa September die hübschen Blüten zeigen, können Sie sie ein wenig besprühen. Ansonsten ist sie anspruchslos, doch mag sie nicht ihren Standort wechseln.

● Optische Wirkung: Es gibt kaum jemanden, der die Porzellanblume nicht ansprechend findet. Sie ist mit ihren kleinen Blüten und grünen Blättern ein bescheidenes Wesen, und das, obwohl sie in den meisten Fällen prächtig wächst. Ihre Zartheit mag der Grund sein, weshalb gerade cholerische und sehr ichbezogene Persönlichkeiten von ihr »neutralisiert« werden. Anscheinend wird ein Beschützerinstinkt von ihr geweckt, der dafür sorgt, dass solche Menschen zuweilen sanfter werden.

● Energetische Wirkung: Die Energie der Porzellanblume ist faszinierend. So scheint die Pflanze mit ihrer Anmut auf aggressive Typen ebenso positiv zu wirken wie auf verträumte. Sie hat ein ausgleichendes Potenzial, beruhigt, gibt aber gleichzeitig Bodenhaftung zurück.

Schwertfarn (Nephrolepis exaltata)

Dieser Farn, der aus tropischen Regionen stammt, erfreut sich unter den Grünpflanzen ganz besonderer Beliebtheit. Inzwischen werden zahlreiche Sorten angeboten. Auch kleinwüchsige sind zu haben.

● Pflegetipps: Am liebsten hat der Schwertfarn ein halbschattiges Plätzchen und viel Wärme. Selbst im Winter sollte die Temperatur nicht unter 18 °C absinken. Der Ballen darf nie trocken sein, hohe Luftfeuchtigkeit ist stets angebracht. Vom Frühjahr bis in den Hochsommer sollten Sie kräftig gießen. Verwenden Sie dazu kein kaltes Wasser.

● Optische Wirkung: Der üppig wuchernde Wuchs und das satte Grün der langen gezackten Blätter versetzen unwillkürlich in den Urwald. Da ist es nicht erstaunlich, dass Menschen in Gegenwart eines Schwertfarns an ihre Wurzeln zurückgeführt werden und sich plötzlich wieder der Natur stärker verbunden fühlen. Für Personen, die kurzfristig die Orientierung verloren haben, ist diese Pflanze ein guter Lebensgefährte.

● Energetische Wirkung: Seine Energie empfinden viele durchweg als positiv. Er gibt Ruhe und Ausgeglichenheit. Hektische Charaktere bremst er sanft, auf angegriffene Nerven wirkt seine Energie lindernd. Zudem nimmt er Giftstoffe aus der Luft auf.

Weihnachtsstern *(Euphorbia pulcherrima)*

Zwar blüht er eigentlich im Dezember, also tatsächlich in der Adventszeit, doch der Weihnachtsstern ist nicht nur im Winter beliebt. Seine farbigen, meist roten Hochblätter halten sich bei guter Pflege fast das ganze Jahr hindurch und sind nicht mit der Blüte zu verwechseln.

● Pflegetipps: Im Sommer sollte der Weihnachtsstern oder auch Adventsstern auf jeden Fall warm stehen. Nur während der Blütezeit von November bis Januar kann er an ein kühleres Plätzchen gestellt werden. Hell sollte der Standort immer sein, volle Sonne ist jedoch zu vermeiden.

● Von der Blütezeit bis etwa Mai gießen Sie am besten nur mäßig, danach bis zur nächsten Blüte hingegen kräftig. Wenn die grünen Blätter abfallen, darf der Weihnachtsstern leicht zurückgeschnitten werden. Wenn Sie die Blütenbildung und die Färbung der Hochblätter fördern möchten, stellen Sie im September und Oktober jede Nacht für rund 14 Stunden einen Karton über die Pflanze, der absolute Dunkelheit erzeugt.

Der Weihnachtsstern kann zwar die Haut reizen, extrem giftig, wie viele meinen, ist er aber nicht.

● Optische Wirkung: Ihr Anblick gehört einfach zum Weihnachtsfest dazu. Deshalb haben wir warme und fast feierliche Gefühle, wenn wir einen Weihnachtsstern sehen. Eine große Gruppe dieser Pflanze kann, wenn die Hochblätter leuchtend rot sind, aggressiv machen!

● Energetische Wirkung: Die Energie des Weihnachtssterns spornt zu Aktivitäten an und muntert auf. Die Pflanze kann einige Wohngifte aus der Luft aufnehmen. Wie fast alle Wolfsmilchgewächse enthält sie aber auch selbst ein Gift. Dieses ist im Milchsaft enthalten, der in allen Teilen der Pflanze sitzt. Es kann die Haut sowie die Schleimhäute reizen.

Zimmerefeu (Hedera helix)

Efeu ist ein sehr dankbarer Mitbewohner, den so schnell nichts aus der Fassung bringt. Die Grünpflanze wächst recht schnell und macht selbst dem unerfahrenen Zimmergärtner überwiegend Freude.

● Pflegetipps: Im Grunde ist ein halbschattiger Platz für alle Efeuarten geeignet. Allerdings gilt: Je bunter die Blätter, desto mehr Licht und Wärme mag die entsprechende Sorte. Eine grünblättrige Variante mag es auch mal kühler, vor allem im Winter. Generell verträgt Efeu jedoch das ganze Jahr Zimmertemperatur. Das Gießwasser sollte möglichst ebenfalls Zimmertemperatur haben. Wässern Sie stets schwach, so dass die Pflanze immer leicht feucht ist. Im Winter ein wenig einschränken.

● Optische Wirkung: Augenfällig ist der kräftig wuchernde Wuchs. Efeu scheint vor Leben und Energie nur so zu strotzen. Das wirkt sich positiv auf Menschen mit Zukunfts- und allgemeinen Lebensängsten aus. Beobachtungen zufolge reagieren Personen, die vor der zunehmenden Zerstörung unserer Natur Angst haben, gut auf Efeu. Sie scheinen förmlich zu sehen, wie die Natur allen Widrigkeiten trotzen kann.

● Energetische Wirkung: Sie beruht vermutlich auf einer Mischung seiner Optik, des Energiefeldes und seiner Fähigkeit, Giftstoffe aus der Luft zu filtern. Efeu stärkt das Selbstvertrauen und schenkt neue Kraft.

Zimmerkalla (Zantedeschia)

Eine Kalla ist viel zu schön, um nur als Schnittblume im Haus zu sein. Lassen Sie sie leben!

In Südafrika, ihrer Heimat, wächst die Kalla am Straßenrand wie Unkraut. Sie als Zimmerpflanze zum Blühen zu bringen ist nicht ganz einfach. Ein Versuch lohnt sich, denn auch wenn sich keine der schönen Blüten sehen lässt, machen die großen grünen Blätter der Kalla Freude.

● Pflegetipps: Die Zimmerkalla mag gerne volle Sonne, gedeiht aber auch im Halbschatten. Im Sommer braucht sie Wärme, im Winter ein kühles Plätzchen. Mit dem Gießen ist es etwas kompliziert. Nach der Blüte soll das Gewächs zwei Monate völlig austrocknen. Dann wird der Ballen vorsichtig ausgeschüttelt und die Pflanze umgetopft. Nun soll wieder leicht gegossen werden. Während der Blütezeit braucht sie viel Feuchtigkeit.

● Optische Wirkung: Solange nur die großen stattlichen Blätter zu sehen sind, wirkt die Kalla stark und lebendig. Zeigen sich dann die kelchförmigen Blüten, verändert sich der Eindruck. Plötzlich erscheint die Kalla empfindlich, wie aus Porzellan gefertigt. Menschen, die den Kontakt zur Natur verloren haben, hilft sie, den Respekt wieder zu finden. Äußerlich harten Charakteren hilft sie, Gefühle zuzulassen.

● Energetische Wirkung: Die Energie der Zimmerkalla ist weich. Sie spricht unser emotionales Zentrum an. Sie fördert die Empfindsamkeit und ist für gefühlsmäßig verarmte Menschen ein guter Begleiter.

Zimmertanne *(Araucaria heterophylla)*

Ihre Heimat ist die Norfolkinsel. Deshalb ist die Tanne auch unter der Bezeichnung »Norfolktanne« im Handel. In freier Natur kann sie bis zu 60 Meter hoch werden. Im Haus passt sie sich den gegebenen Bedingungen an. Trotzdem sollten Sie sich eine Zimmertanne nur anschaffen, wenn genug Platz vorhanden ist. Vor allem will die Pflanze ihre Zweige, die in regelrechten Etagen wachsen, ausstrecken können. Wenn sie zu dicht an einer Wand oder in einer Ecke steht, wächst sie ungleichmäßig.

● Pflegetipps: Direkte Sonne mag die Zimmertanne nicht. Dafür ist aber Licht von allen Seiten extrem wichtig. Wird sie nur von einer Seite bestrahlt, wird sie schief wachsen. Im Sommer ist Zimmertemperatur angebracht. Achten Sie aber darauf, dass es nicht zu heiß wird. Ein Platz, an dem ein Hitzestau entstehen kann, ist ungeeignet. Im Winter will die Tanne recht kühl stehen. Temperaturen um 5 °C sind ideal. Gießen Sie das ganze Jahr über nur mäßig, im Winter sogar noch sparsamer, und verwenden Sie stets kalkfreies Wasser.

● Optische Wirkung: Eine Zimmertanne fällt auf. Erstens kann sie selbst im geschlossenen Raum eine stattliche Höhe erreichen. Zweitens ist ein Nadelbaum ein ungewöhnlicher Gast im Haus. Entsprechend ist die Wirkung. Zimmertannen sind sehr präsent. Sie können andere

Eine Zimmertanne in einem ausreichend großen Kübel ist eine schöne Alternative zum jedes Jahr aufs Neue geschlagenen Weihnachtsbaum.

75

Pflanzen leicht »erdrücken« und sollten daher möglichst alleine stehen. Positiv ist die starke Verbindung zur Natur. Der Anblick dieses Gewächses erinnert an Waldspaziergänge und Freiheit. Das kann besonders für Menschen hilfreich sein, die ihre Bodenständigkeit verloren haben.

● Energetische Wirkung: So, wie sie die Blicke auf sich zieht und einen großen Platz für sich beansprucht, ist die Zimmertanne auch energetisch extrem präsent. Ihre Energie verströmt sie durch den gesamten Raum. Und sie überträgt Energie auf die Menschen, die mit ihr zusammen sind. Besonders gut passt sie daher in Arbeitsräume und Büros. Wer dort arbeitet, wird von der anregenden Wirkung profitieren. Die Zimmertanne verbessert das Raumklima, da sie Schadstoffe aus der Luft filtern kann.

Zwergrose (*Rosa chinensis*)

Sie ist die Königin der Blütenpflanzen: die Rose. Für Menschen ohne Garten oder mit wenig Platz sind die klein bleibenden Züchtungen ideal. Aber auch ohne Platznot begeistern die zierlichen Topfpflänzchen.

● Pflegetipps: Im Sommer blühen sie, im Winter verlieren sie ihr Laub und wollen ihre Ruhe haben. Unterstützen Sie die Zwergrose, indem Sie ihr in den Sommermonaten einen hellen und luftigen Platz geben. Im Winter sollten Sie die Rose dagegen an einen kühlen Ort (nicht über 10 °C) stellen. Kurz vor und während der Blüte braucht sie gleichmäßige Feuchtigkeit. Im Winter reicht es, wenn man den Ballen gerade vor dem Austrocknen schützt. Knipsen Sie verblühte Rosenköpfchen regelmäßig ab. Damit fördern Sie neue und stärkere Blütenbildung.

● Optische Wirkung: Rosen verbreiten ohnehin schon eine Stimmung der Romantik und Nostalgie. Sie sind die Blumen der Liebenden. Die Zwergrose ist zudem noch ausgesprochen zierlich und wirkt zerbrechlich. Kein Wunder, dass sie auf emotionaler Ebene anspricht. Sie erreicht, dass gerade plumpe Personen sich ein wenig besinnen und behutsamer mit ihrer Umwelt und ihren Mitmenschen umgehen.

● Energetische Wirkung: Das Energiefeld der Zwergrose ist stark und gleichmäßig. Es trifft das Gefühlszentrum der Menschen, spendet Trost und steigert die Liebesfähigkeit.

Zwergrosen verströmen einen lieblichen Duft. Die Blätter können für Duftpotpourris verwendet werden. In Kombination mit Zimmerefeu sind sie in Pflanzschalen sehr beliebt.

Zypergras *(Cyperus)*

In der Familie Cyperus gibt es rund 600 Arten. Das Zypergras wird oft auch als Papyrus bezeichnet. Doch nur *Cyperus papyrus* ist die echte Papyruspflanze. Generell zeichnen sich die Gräser der Familie durch längliche schmale, zum Teil auch extrem dünne Blätter aus. Viele Sorten, wie beispielsweise der hoch wachsende *Cyperus alternifolius*, bilden lange Halme, an deren Ende die dünnen Blätter wie ein strahlenförmiger Haarschopf wachsen und die grasartigen Blüten sitzen.

Das grazile Zypergras ist in Sümpfen und extrem feuchten Böden zu Hause.

● Pflegetipps: Es gibt Züchtungen (*Cyperus albostriatus*), die keine »nassen Füße« haben wollen. Die meisten Arten allerdings wollen im Wasser stehen. Sie sind das von ihrer sumpfigen Heimat in den Tropen oder Subtropen gewohnt. Entsprechend ihrer Herkunft wollen die Gräser es das ganze Jahr hindurch warm haben. Sie mögen einen hellen Platz. Im Winter stellen Sie das Zypergras entweder an einen kühleren Platz und gießen weniger, oder Sie behalten es im warmen Wohnzimmer; dann sollten Sie durch zusätzliches Besprühen für gute Luftfeuchtigkeit sorgen. Trockene Heizungsluft ist schädlich für die Grünpflanze.

● Optische Wirkung: Das kräftige Grün wirkt beruhigend. Aber Achtung: Dieser Eindruck wird durch die struppelig dünnen, quer durcheinander stehenden Blätter geschwächt. Sorten mit allzu feinen Blättern können sogar nervös machen. Auch kann die Form der Blattschöpfe an langbeinige Spinnen erinnern. Wer damit Probleme hat, sollte auf die Pflanze verzichten oder eine breitblättrige Art wählen.

● Energetische Wirkung: Durch seinen üppigen Wuchs scheint das Zypergras ständig in Bewegung zu sein. Mit den von ihm verströmten Energien ist es ähnlich. Träge Menschen fühlen sich angespornt, aktiv zu werden, sich zu bewegen, etwas zu unternehmen. Personen, die ohnehin schon »Hummeln im Hintern« haben, werden möglicherweise hyperaktiv. Gemächlichere Pflanzenarten sind dann verständlicherweise vorzuziehen.

Baumheilkunde

Ein Spaziergang im Wald tut gut. Das hat mehrere Gründe. U. a. fühlen wir uns in der Nähe dieser oft überhaushohen Gewächse, die Ruhe und Kraft ausstrahlen, einfach wohl und geborgen. Überlegen Sie nur, wie oft Bäume in unserem täglichen Leben in Liedern, Literatur oder Sprichwörtern vorkommen. »Mein Freund, der Baum, ist tot«, sang Milva. Die Umschreibung »Ein Mann wie ein Baum« drückt nicht nur aus, dass ein Mann besonders groß ist, sondern deutet auch auf Stärke und Standfestigkeit hin. In verschiedenen Religionen und Sagen spielen Bäume eine wichtige Rolle. In der indianischen Schöpfungsgeschichte heißt es, dass Gott einen Pfeil auf eine Esche geschossen hat; das aus der Wunde sickernde Blut wurde zum Menschen. Buddha soll unter einem Feigenbaum erleuchtet worden sein. Die Hinduisten glauben, dass Gott Vischnu unter einem Feigenbaum geboren wurde. Und die Christen sprechen vom »Baum der Erkenntnis«, der im Garten Eden stand.

> In dem Roman »Unter dem Jacarandabaum« von Ashley Carrington heißt es: »Sie sucht Trost in ihrer Malerei und draußen im Buschland unter der mächtigen Krone eines Jacarandabaumes. Ihm vertraut sie alle ihre Träume an ...«

Bäume geben Halt

Manch einer von uns hat Kindheitserinnerungen an einen bestimmten Baum, ohne die Beziehung zu ihm näher erklären zu können. Es ist dieses Unerklärliche, das viele Menschen mit einem speziellen Baum verbindet. Vielleicht ist es das Gefühl, dass ein grüner Riese die Verbindung zwischen Himmel, in den er seine Zweige reckt, und Erde, in die er seine Wurzeln gräbt, darstellt, die uns so fasziniert.

Naturvölker und Bäume

Indianer sind nicht gleich Indianer. Es gibt viele Stämme mit ihren eigenen Ritualen und Bräuchen. Allen gemeinsam ist aber eine große Naturverbundenheit. So sehen Indianer Bäume als gleichberechtigte Wesen. Einen Baum zu fällen gilt bei einigen von ihnen als Verbrechen. Bäume werden als Sitz der Götter angesehen. Und der berühmte Häuptling Seattle sagte: »Jeder Teil dieser Erde ist meinem Volk heilig, jede glitzernde Tannennadel. Jeder sandige Strand, jeder Nebel in den dunklen Wäldern, jede Lichtung, jedes summende Insekt ist heilig, in den Gedanken und Erfahrungen meines Volkes. Der Saft, der in den Bäumen steigt, trägt die Erinnerung des roten Mannes.« Nur ein symbolisch gemeinter Ausspruch vielleicht, aber mit Sicherheit ein Zitat, das zum Nachdenken anregt. Und ein Zitat, das daran erinnert, wie gleichberechtigt der Mensch mit dem Rest der Natur zusammenleben sollte. Das ist es, was wir verlernt haben. Vielleicht ist es aber ein Urinstinkt, der uns gerade deshalb in die Nähe von Bäumen treibt.

Für so manchen sind Bäume die Antennen des Universums. Sehr große Exemplare sind auf jeden Fall beeindruckend.

Die deutsche Eiche vermittelt Stärke

Auch die Germanen und Kelten hatten ein ganz besonderes Verhältnis zu Bäumen, vor allem zur Eiche. Bei den Germanen galt sie als Verkörperung Thors, des Gottes des Donners. Mit Respekt betrachtete man die Tatsache, dass Blitze häufig in Eichen einschlugen, aber kaum größeren Schaden anrichteten. Heute wissen wir, dass Eichen Pfahlwurzler sind. Sie erreichen mit ihren Wurzeln teilweise sogar das Grundwasser. Die ungeheure elektrische Energie, die bei einem Blitzschlag wirkt, wird abgeleitet. Die Eiche nimmt keinen nennenswerten Schaden. Die Kelten, vor allem die Druiden, wussten um die Heilkräfte der Pflanzenteile einer Eiche. Sie bereiteten aus Blättern und Rinde Medizin zu.

Bäume können heilen

Ganz gleich, ob Sie Bäume für Antennen halten, die unsere Erde mit dem Universum verbinden, oder ob Sie in ihnen einfach nur Lebewesen sehen, die stumm an ihrem Fleck stehen: Einige der Baumriesen waren schon alt, als Sie auf die Welt kamen, und werden noch leben, wenn Sie nicht mehr sind. Eines ist aber allen gemeinsam: Sie haben Persönlichkeit. Wenn Sie lernen, Kontakt zu ihnen aufzunehmen, können Sie von ihrer Kraft profitieren. Die Baumheilkunde ist fast in Vergessenheit

Man muss nicht Klettern lernen, um mit Bäumen in Kontakt zu kommen und von ihnen geheilt zu werden. Ein besinnlicher Aufenthalt unter oder bei Bäumen stärkt die Sinne und gibt der Seele heitere Gelassenheit.

Im Yoga gibt es Positionen und Übungen, die »Baum« genannt werden. Dabei geht es immer um den Kontakt zur Erde und zum Himmel.

geraten. Dabei ist sie eine der heilkundlichen Anwendungsformen, die für den Nutzer besonders angenehm sind. Natürlich darf man nicht erwarten, dass eine Krankheit verschwindet, weil man eine halbe Stunde unter dem richtigen Baum gesessen hat. Überhaupt sollte man völlig ohne Erwartungshaltung an die Baumheilkunde herangehen. Erfolgsdruck, Forderung und Besitzdenken sind hier unangebracht. Die Heilkraft der Bäume ist ein Geschenk für denjenigen, der sich zwanglos öffnen kann.

Hilfe bei seelischem Unwohlsein

Die Behandlungsform wird nur da Erfolg haben, wo Leiden auf seelische Unausgeglichenheit zurückgehen. Es ist denkbar, Kopfschmerzen zu lindern, indem man Zwiegespräche mit einem Baum führt. Denn die Kopfschmerzen können entstanden sein, weil der Betroffene bedrückt oder problembehaftet ist. Er verspannt sich und bekommt pochende Schmerzen in den Schläfen. Die Zwiesprache mit einem Baum führt dazu, dass er ruhiger wird. Vielleicht findet er im Schatten ausladender Zweige sogar die Lösung seines Problems, und die Kopfschmerzen verschwinden.

Nehmen Sie Kontakt auf

Die Entscheidung, den engen Kontakt zu Bäumen zu suchen, ist auf jeden Fall positiv. Mindestens bringt sie nämlich eine größere Naturverbundenheit. Und die ist es, die uns in unserer Hightechwelt allzu leicht verloren geht. Außerdem dürfen wir nie vergessen, dass Bäume und alle Pflanzen dieser Erde Lebewesen sind, mit denen wir uns den Erdball teilen. Es kann also nicht schaden, wenn wir ihnen nahe sind. Schließlich sitzen wir in einem Boot, sind Nachbarn. Und noch mehr. Wir haben die Macht, jeden Baum zu vernichten, der uns im Weg steht. Und wir haben Einfluss auf den Lebensraum der Bäume. Umgekehrt sind wir abhängig von den Wäldern, der grünen Lunge unseres Planeten. Sterben die Bäume, müssen auch wir Menschen sterben. Mensch und Baum leben also in direkter Abhängigkeit voneinander – Grund genug, endlich Bekanntschaft zu machen und Freundschaft zu schließen.

In die Praxis umsetzen

● Bevor Sie mit einem Baum in Kontakt treten, stellen Sie sich vor, wie es sein wird. Denken Sie genau über Ihr Verhältnis zu Bäumen und Sträuchern nach. Gibt es vielleicht ein Exemplar, das Sie besonders schätzen? Hatten Sie Erlebnisse, in denen ein Baum eine Rolle gespielt hat? Versuchen Sie noch nicht, Erlebnisse oder Empfindungen zu deuten. Kramen Sie sie einfach nur aus Ihrer Erinnerung hervor.

● Gehen Sie nicht gleich gezielt auf einen Baum los. Machen Sie zunächst einen Waldspaziergang. Nehmen Sie bewusst den Duft wahr. Betrachten Sie Bäume und Sträucher, und lassen Sie sie auf sich wirken.

● Wählen Sie nun einen Baum aus, zu dem Sie engeren Kontakt aufnehmen möchten. Hören Sie auf Ihr Gefühl. Ein Exemplar spricht Sie vielleicht besonders an, ja zieht Sie sogar magisch an. Auch ganz wichtig bei der Auswahl ist der Standort. Besonders am Anfang werden Sie vermutlich Hemmungen haben und Angst, dass Sie jemand sehen könnte. Wählen Sie also einen Baum, der so geschützt steht, dass Sie sich bei ihm ungestört und unbeobachtet fühlen.

Bei der Wahl »Ihres« Baumes ist es wie mit den Zimmerpflanzen: Entscheiden Sie in erster Linie »aus dem Bauch heraus«. Haben Sie keine Angst vor der Berührung von Bäumen. Die Borke fühlt sich rau und urtümlich an.

81

• Sollten Sie die Möglichkeit haben, einen Baum auf Ihrem eigenen Grundstück zu wählen, der vor den Blicken der Nachbarn geschützt ist, können Sie es riskieren, mit freiem Oberkörper oder völlig nackt auf ihn zuzugehen. Ist das nicht der Fall, sollten Sie eine locker-bequeme Bekleidung tragen, die – der Jahreszeit natürlich angepasst – möglichst viel Haut frei lässt. Schuhe und Strümpfe sollten ausgezogen werden.

• Betrachten Sie den Baum, wenn Sie auf ihn zugehen. Haben Sie keine Angst. Sie können ihn begrüßen – hörbar oder in Gedanken. Es gibt keine Vorschriften, keine Erwartungen! Tun Sie, was Ihr Gefühl Ihnen rät.

• Gehen Sie so nah an den Baum heran, dass Ihre Zehen seinen Stamm berühren. Legen Sie die Hände auf seine Rinde. Spüren Sie, wie sich der Stamm anfühlt. Lassen Sie die Hände sanft oder fest wandern.

• Am Anfang ist es ratsam, sich einfach nur bei dem ausgewählten Baum auszuruhen. Lehnen Sie sich mit der Brust gegen seinen Stamm. Dabei können Sie den Stamm umarmen, wenn Ihnen danach zumute ist. Sie können aber auch die Hände nebeneinander gegen die Rinde legen und Ihren Körper dann gegen die Hände lehnen.

• Wenn Sie mögen, drehen Sie sich um und lehnen den Rücken gegen den Baumstamm. Ihre Fersen sollten dabei Kontakt zum Stamm haben. Legen Sie auch Ihren Kopf vertrauensvoll gegen den Baum. Der Blick wandert nun hinauf in die Wipfel und in den Himmel. Sie können die Arme locker hängen lassen oder die Hände auf den Stamm legen.

• Um einen Baum spüren zu lernen, empfiehlt es sich, an ihm zu stehen. Wenn Sie bereits mehrfach Zwiesprache gehalten haben, können Sie sich auch setzen. Der Rücken lehnt gemütlich am kräftigen Stamm. Auch der Kopf ist gegen den Baumstamm gelegt. Sitzen Sie mit ausgestreckten Beinen, um möglichst viel Erdkontakt zu haben. Auch der Schneidersitz wird von vielen als angenehme Haltung empfunden. Wichtig ist, dass Sie sich wohl fühlen und dass der Kontakt zu »Ihrem« Baum eng ist.

Entspannung und Ruhe

Bei Ihren ersten Besuchen bei einem oder mehreren Bäumen sollten Sie sich einfach gehen lassen. Versuchen Sie nicht, an Probleme zu denken. Das Zwiegespräch mit einem Baum ist vergleichbar mit einem Traum. Es

Sobald Sie merken, dass Sie sich verkrampfen oder dass Ihre Stimmung in Verzweiflung oder Panik umschlägt, lassen Sie den Gedanken los. Schauen Sie in den Baumwipfel, stellen Sie sich vor, wie der Baum sich fühlen mag, wenn er sich sanft im Wind wiegt, oder wie seine Wurzeln kräftig und sicher in der Erde verankert sind.

kommt von ganz allein. Der Baum meldet sich in Ihre Stille und Ruhe hinein, wenn er will. Sie können es nicht erzwingen. Seien Sie nicht enttäuscht, wenn Ihre ersten Versuche keinen Erfolg gebracht haben. Genießen Sie einfach das Gefühl, sich Zeit für sich selbst und für die Natur genommen und entspannt zu haben. Probieren Sie es oft. Lassen Sie Tagträume, Gedanken, Gespräche einfließen, und merken Sie sich diese.

Gedanken sammeln

Wenn Sie irgendwann das Gefühl haben, der Kontakt hat lange genug gedauert, lösen Sie sich von dem Baum; sehen Sie ihn noch einmal zum Abschied an, und gehen Sie dann langsam fort. Jetzt ist die richtige Zeit, sich durch den Kopf gehen zu lassen, was alles in Ihnen vorgegangen ist, während Sie bei dem Baum waren. Schreiben Sie es am besten auf. Manchmal werden Ihnen vielleicht ganz klare, konkrete Gedanken kommen, die Sie sofort praktisch umsetzen können. Vor allem kreativ tätige Menschen haben nicht selten unter den Zweigen eines Baumes neue Ideen, die sie für ihre Arbeit nutzen können. Es kommen aber auch Gefühle, Gedanken und Bilder hoch, die zunächst rätselhaft erscheinen. In diesem Fall hilft es, sie aufzuschreiben. Man hat so die Möglichkeit, sich immer mal wieder daran zu erinnern und darüber nachzudenken.

Schreiben Sie sich Ihre Gedanken auf, und lesen Sie sie später wieder durch. Sie werden feststellen, dass sich nicht selten verschlüsselte Antworten dahinter verbergen, nach denen Sie schon lange gesucht haben.

Als könnten Bäume zuhören

Nachdem Sie sich mehrfach der Begegnung mit Bäumen hingegeben haben, können Sie aus ganz bestimmten Gründen zu ihnen gehen. Ein konkretes Problem kann beispielsweise Anlass sein, Zwiesprache mit einem Baum zu halten. Achten Sie aber auch dann darauf, dass Sie keinesfalls mit der Erwartung losmarschieren, Sie müssten auf jeden Fall eine Lösung mit nach Hause nehmen. Es ist nicht ganz einfach, aber wichtig, dass Sie eine Frage oder einen Gedanken nur mitnehmen. Akzeptieren Sie, dass der Baum Sie damit vielleicht wieder gehen lässt, ohne sich dazu zu »äußern«. Am besten nehmen Sie in gewohnter Weise Kontakt auf, begrüßen und berühren den Baum. Dann suchen Sie eine für Sie angenehme Position, in der Sie die nächste Zeit verbringen möchten. Nun lassen Sie das Problem, das Sie beschäftigt, so gelassen wie möglich in

Ihrem Kopf herumgehen. Wenn es Ihnen gelingt, Ihren Gedanken angstfrei im Kopf umhergehen zu lassen, so tun Sie das, als ob Sie dem Baum davon erzählen wollten. Wenn Sie das beendet haben, lauschen Sie auf das Rauschen der Zweige, auf das Ächzen des Holzes. Geben Sie sich wieder Ihrem Tagtraum hin. Wenn Sie sich verabschieden, überprüfen Sie wie üblich, was Ihnen bei Ihrem Besuch durch den Kopf gegangen ist. Diesmal versuchen Sie, es in Hinblick auf Ihre Frage zu deuten.

Auf den Facharzt nicht verzichten

Ähnlich wie die konkreten Probleme, mit denen Sie zu Bäumen gehen können, dürfen Sie auch Symptome behandeln, die auf eine Störung Ihrer Psyche hindeuten. Innere Unruhe, Traurigkeit, nicht enden wollende Reaktionen auf ein Schockerlebnis – all das kann mit Hilfe der Baumheilkunde gelindert werden. Aber Achtung: Erkrankungen der Seele sind genauso ernst zu nehmen wie die des Körpers. Deshalb sollten Sie bei psychischen Störungen ebenfalls rechtzeitig einen Fachmann aufsuchen. Sich auf eigene Faust heilen zu wollen ist sehr gefährlich. Auch wenn ein Facharzt keine schweren seelischen Erkrankungen diagnostiziert, sondern leichte Verstimmungen, bietet sich die Baumheilkunde als ein Teil der Therapie an.

Bei gebrochenem Bein oder schwerer Erkrankung muss sich der Patient unbedingt in die Hände eines Arztes seines Vertrauens begeben. Dass er dennoch die Nähe der Bäume suchen kann, um dort die Kraft zu finden, die Krankheit zu besiegen, steht außer Frage.

Bäume bieten nicht nur Spielmöglichkeiten an. Sie können mit Bäumen auch Zwiegespräche führen, die Ihnen bei der Lösung Ihrer Probleme helfen können.

Bäume von A–Z

In der folgenden Aufstellung finden Sie einige Bäume, die sich besonders gut für die Baumheilkunde eignen. Es handelt sich um Arten, die im eigenen Garten, im Kübel auf Balkon oder Terrasse oder sogar im Haus stehen können. Zwar ist die Wirkung eines mehrere Meter hohen Baums mitten im dichten, duftenden Wald sicher anders als die eines jungen zarten Exemplars, das in einem Blumentopf lebt. Einige Arten erreichen aber auch als Kübelpflanze eine stattliche Größe. Und Sie werden feststellen, dass es, wenn Sie regelmäßigen Umgang mit Bäumen haben, schon gut tut, wenn Sie sich zu Ihrem Lorbeerbaum setzen, eine Hand um den dünnen Stamm legen und den Kontakt aufnehmen. Selbstverständlich ist jeder Baum ein Individuum. Er hat seine eigenen Eigenschaften und bringt jedem Menschen unterschiedliche Erfahrungen. Deshalb können die folgenden Hinweise nur allgemein sein. Verstehen Sie sie so, als würde man über einen Löwen aussagen, dass er ein Raubtier ist, das auch Menschen angreift, und über eine Maus, dass sie vor einem Menschen flüchten wird. Die Aussagen stimmen, und doch werden Sie auch Löwen finden, die auf einen Angriff verzichten. Ebenso werden Sie eine Maus finden, die ruhig sitzen bleibt, anstatt davonzulaufen.

Ahorn (Acer platanoides)

Der anspruchslose Baum wird nicht sehr hoch, breitet dafür aber seine Krone in die Breite aus. Im Herbst entfaltet er seine ganze Schönheit, wenn das Laub sich gelb und rot färbt, als würde er in Flammen stehen.
● Anwendung: Bei innerer Unruhe und Panikattacken sollten Sie regelmäßig Kontakt zu einem Ahorn aufnehmen. Er hilft, von der emotionalen Ebene auf eine sachliche zurückzufinden.

Apfelbaum (Pyrus domestica)

Wie der lateinische Name verrät, ist hier der gezüchtete Apfelbaum gemeint, wie wir ihn von Plantagen oder, wenn wir Glück haben, aus dem eigenen Garten kennen. Besonders wenn er im Frühjahr in voller Blüte

Erwarten Sie keine Wunder! Die Kommunikation zwischen Mensch und Baum braucht ihre Zeit.

steht, ist er wunderschön anzusehen. Sein süßer Duft lockt uns Menschen immer wieder an und hebt unsere Stimmung.

● Anwendung: Bedrückte und traurige Menschen profitieren von der Heiterkeit, die ein Apfelbaum ausstrahlt. Selbst bei denjenigen, die verhärmt und verzweifelt sind, kann er Linderung bringen. Allerdings ist es oft schwer, solche Menschen dazu zu bringen, sich auf das Zwiegespräch mit einer Pflanze einzulassen.

Birke (Betula pendula)

Besonders faszinierend an Birken ist ihre weiße Rinde, die mit zunehmendem Alter von dunklen Rissen und Krusten durchzogen ist. Auch die schlanke Gestalt, die durch ihre Biegsamkeit selbst Stürmen trotzen kann, begeistert die Menschen.

Muss eine Birke gekürzt werden, fließt tagelang Saft aus ihr heraus. Nutzen Sie ihn für die Haut- und Haarpflege.

● Anwendung: Eigentlich kann jeder von der Birke lernen. Sie lehrt uns, wie wir die Stürme des Lebens überstehen, ohne uns von ihnen zerbrechen zu lassen. Auch eine gewisse geistige Flexibilität und Aktivität stellen sich häufig in unmittelbarer Nähe von Birken ein.

Buche (Fagus silvatica)

Nicht umsonst heißt es: »Buchen sollst du suchen!« Auch wenn sich dieser Spruch darauf bezieht, dass man bei Gewitter im Schutz einer Buche sicherer ist als in der Nähe einer Eiche beispielsweise, so hat er doch eine weiter reichende Bedeutung. Buchen sind nämlich ausgesprochen eindrucksvolle Gesellen, die es vor allem skeptischen Menschen leicht machen, Zugang zu Bäumen zu finden.

● Anwendung: Für den hektischen, mit Eindrücken und Gedanken überladenen Stadtmenschen sind Buchen die optimalen Gesprächspartner. Sie führen auf das Wesentliche zurück.

Buchsbaum (Buxus sempervirens)

Ein vier oder fünf Meter hohes Exemplar mit seinem dichten grünen Kleid fällt auf. Aber auch als Kübelpflanze, wild oder in Form geschnitten, zieht der Buchsbaum gern die Blicke auf sich. Er wird auch als Lebensbaum bezeichnet, da er ein immergrüner Strauch ist.

- Anwendung: Personen mit Zukunftsängsten finden beim Buchsbaum neue Kraft und Zuversicht. Auch denjenigen, die ihren Halt verloren haben, gibt er neue Bodenhaftung und frischen Mut.

Eiche (Quercus robur)

Eichen vermitteln das Gefühl von Stärke. Sie scheinen vor Lebenskraft nur so zu strotzen. Kein Wunder: Sie erreichen leicht eine Höhe von 30 bis 40 Metern und können viele hundert Jahre alt werden.
- Anwendung: Eichen haben die angenehme Eigenschaft, ihre Kraft auf den Menschen zu übertragen. Wer sich im Geist schwach fühlt, vor einer schweren Aufgabe steht oder körperlich geschwächt ist, sollte nicht zögern, regelmäßig bei einer Eiche zu sitzen oder sich im Stehen an ihren kräftigen Stamm zu lehnen.

Esche (Fraxinus excelsior)

Die Esche gehört wie die Oliven zu den Ölbaumgewächsen. Mit ihrer luftigen Krone, den fiedrigen Blättern und der eindrucksvollen Höhe von bis zu 40 Metern ist sie ein besonders schöner Baum. Aus ihrem Holz haben Druiden ihre Zauberstäbe gefertigt.
- Anwendung: Die Esche spricht uns auf einer sehr emotionalen Ebene an. Sie weckt unsere Phantasie und schafft eine Verbindung zum Mystischen und Märchenhaften.

Feigenbaum (Ficus)

Feigenbäume sind in Nord- und Mitteleuropa vor allem als Kübelpflanzen bekannt und beliebt, allen voran die Sorte *Ficus benjamina*. Selbst Arten, die essbare Früchte entwickeln, kann man im Haus haben, allerdings müssen die Blüten von einer bestimmten Gallwespe bestäubt werden, die den Pollen einer Holzfeige überträgt. Außerdem benötigt man viel Geduld, bis das Gewächs zu einem stattlichen Feigenbaum heranwächst. Doch allein schon der Anblick der Feige ist sehr schön.
- Anwendung: Feigenbäume stärken unsichere Menschen und unterstützen sie. Wenn Sie auf der Suche nach Ruhe und Gelassenheit sind, nehmen Sie Kontakt mit einem Feigenbaum auf.

Die Baumheilkunde empfiehlt cholerischen Personen, sich mit solchen Pflanzen zu umgeben, welche die Harmonie wiederherstellen.

Fichte *(Picea abies)*

Von diesem immergrünen Nadelbaum gibt es wahrhaft riesige Exemplare. Eine Fichte kann leicht 60 Meter hoch werden. Unter optimalen Bedingungen erreicht sie diese Größe relativ schnell.

● Anwendung: Nervöse Menschen werden am stärksten vom Einfluss der Fichte profitieren. Ihre Nerven werden gestärkt, sie kommen zur Ruhe. Vorsicht ist bei überängstlichen Menschen geboten. Sie können von der Größe und der geraden Gestalt eingeschüchtert werden.

Um den zuweilen zu baumhohen Sträuchern gewachsenen Holunder ranken sich Sprichwörter, Aberglaube und Kinderreime.

Holunder *(Sambucus nigra)*

Holundersträucher sind eine kleine Hausapotheke. Ihre Pflanzenteile sind auf unterschiedliche Art einzusetzen. Aus den Blüten und später aus den Beeren (nicht roh essen!) lassen sich wunderbare kulinarische Genüsse zaubern. Als ob das nicht schon genug wäre, erfreut der Holunderbusch den Menschen auch noch damit, dass er absolut anspruchslos und nicht nachtragend ist. Selbst wenn er noch so stark verletzt wird, erholt er sich meist prächtig und stellt dem Menschen wieder all seine Kräfte zur Verfügung.

● Anwendung: Holunder überträgt freimütig seine Lebensenergie auf Mensch und Tier. Es scheint, als könne man seine Erdverbundenheit übernehmen und Probleme und Beschwerden einfach bei ihm lassen.

Kastanie *(Castanea sativa)*

Wer kennt nicht den Duft und den Geschmack gerösteter Kastanien, auch Maronen genannt. Auf Jahrmärkten findet man sie oft. Dieser Geruch weckt bei vielen Menschen Kindheitserinnerungen, und nicht selten stellt sich dabei ein Gefühl der Geborgenheit ein. Dieses Gefühl findet man auch unter den bis zu 20 Meter hohen, sommergrünen Laubbäumen mit ihren ausladenden Kronen.

● Anwendung: Das Gefühl der Geborgenheit wird verstärkt, wenn man aktiv den Kontakt zu einer Kastanie aufnimmt. Wer sich schlapp und unausgeglichen fühlt, sollte möglichst jeden Tag zu einer Kastanie gehen. Er wird dort die Kraft finden, sich selbst zu finden.

Linde *(Tilia platyphyllos)*

Linden brauchen ausgesprochen viel Platz, weil sie nicht nur hoch werden können, sondern sich auch gern ausbreiten. Ihre imposante Erscheinung steht im reizvollen Gegensatz zu den beliebten zierlichen Lindenblüten. Diese werden gern zu Tee verarbeitet, um beispielsweise das Fieber zu senken.

● Anwendung: Tragen Sie eine schwere Entscheidung in Ihrem Herzen herum? Suchen Sie regelmäßig Kontakt zu einer Linde. Sie wird Ihnen helfen, zu sich zu finden. Auch derjenige, der seine Verbindung zur Natur verloren hat, ist bei einer Linde gut aufgehoben.

»Unter den Linden« heißt eine bekannte Straße in Berlin. Allein schon der Name vermittelt ein besonderes Flair.

Lorbeer *(Laurus nobilis)*

Ein Lorbeerbusch, der im Freien bis zu sieben Meter hoch werden kann, ist ein dekorativer Hausgenosse. Zudem eignen sich seine Blätter gut zum Würzen von Speisen. Darüber hinaus dürfte er vor allem dadurch bekannt sein, dass die Römer ihre Häupter zum Zeichen des Sieges und Triumphes mit Lorbeerkränzen schmückten.

● Anwendung: Vielleicht ist es kein Zufall, dass Herrscher sich mit seinen Zweigen schmückten. Lorbeer täuscht nämlich über Schwäche

Jeder Baum hat eine unverwechselbare Rinde. Spüren Sie sie, und hören Sie dem Baum zu – so wird er Ihnen seine uralte Weisheit zuflüstern.

hinweg und vermittelt Selbstbewusstsein. Was als Tarnung funktioniert, ist auch als Therapie nutzbar. Tatsächlich wächst nach regelmäßigem Kontakt das Selbstvertrauen unsicherer Persönlichkeiten.

Olivenbaum *(Olea europaea)*

Für viele Menschen gehört er zu den schönsten Bäumen überhaupt. Besonders alte Exemplare mit ihren knorrigen Stämmen und Zweigen und den silbrig schimmernden Blättern strahlen Mystik aus. Der Ölbaum hat eine tiefe religiöse Bedeutung und wird mehrfach in der Bibel erwähnt. In Nord- und Mitteleuropa lässt er sich als Kübelpflanze kultivieren. Erstaunlich, welche Ausstrahlung schon junge Pflanzen haben. Mit der Kraft ihrer alten Artgenossen können sie allerdings nicht mithalten. Sollten Sie am Mittelmeer also Gelegenheit haben, Kontakt zu einem alten Ölbaum aufzunehmen, sollten Sie diese Chance unbedingt nutzen.
● Anwendung: Olivenbäume laden ein, sich bei ihnen auszuruhen. Erschöpfte Menschen sind bei ihnen gut aufgehoben. Sie vermitteln das Gefühl uneingeschränkter Sicherheit und Zugehörigkeit zur Natur.

Weide *(Salix alba)*

Ein ausgesprochen eleganter Baum. Er wird bis zu 30 Meter hoch. Auffallend ist die silbrige Färbung der Blätter und der Rinde. In der Homöopathie nutzt man sie, um rheumatische Beschwerden zu behandeln.
● Anwendung: Aufbrausende Charaktere sind in der Nähe einer Weide richtig. Ihr Temperament wird gezügelt und in richtige Bahnen gelenkt.

Zypressen sind die markanten Bäume der Toskana. Aber auch Olivenbäume prägen hier ganz entscheidend das Bild.

Zypresse *(Cupressus sempervirens)*

Zypressen, immergrüne Nadelbäume, prägen das typische Bild der toskanischen Landschaft. Vielleicht erfüllt ihr Anblick deshalb so viele Menschen mit Sehnsucht und Wohlbehagen. Aber vielleicht sind es auch die schlanke, gut proportionierte Gestalt mit spitz auslaufender Krone und die dunkelgrüne Farbe, die so ansprechend wirken.
● Anwendung: Wer Trost sucht, wird ihn am Fuß einer Zypresse finden. Verträumten Menschen hilft der Baum, sich ruhig, aber gezielt einer Lebensplanung zuzuwenden.

Pflanzenenergie nutzen

Problem	Symptome/Bedeutung	Pflanzenheilkunde	Baumheilkunde
Antriebslosigkeit	Kann viele Gründe haben, zuweilen ist nur der Energiefluss im Haus gestört	Agave, Fleißiges Lieschen, Haworthie, Lorbeer, Bogenhanf, Bougainvillea, Bubiköpfchen, Flamingoblume, Hibiskus, Myrte, Weihnachtsstern, Zimmerefeu, -tanne	Holunder, Kastanie, Olivenbaum
Elektrosmog	Elektromagnetische Strahlung, die von elektrischen Leitungen und Sendern ausgeht	Aloe, Zierananas, Bergpalme, Birkenfeige, Drachenbaum	Holunder
Fehlende Entscheidungsfreude	Manchmal dreht man sich im Kreis und kann nichts entscheiden – das kann mürbe machen	Baumfreund, Schwertfarn	Eiche, Linde
Harmoniestörung	Wenn sie gestört ist, können Pflanzen erstaunlich viel dazu beitragen, dass sich Menschen besänftigen und wieder aufeinander zugehen	Drachenbaum, Fensterblatt, Lorbeer, Topfheide, Zierananas, Usambaraveilchen, Marante, Frauenschuh, Jasmin, Orangenbaum, Porzellanblume	Weide
Fehlende Inspiration	Keine Ideen, festgefahrene Denkschemata	Hibiskus, Kapernstrauch, Zierananas, Alpenveilchen, Bougainvillea, Frauenschuh	Zypresse
Kranke Pflanzen	Pflanzen können nicht nur dem Menschen helfen, sondern auch ihren Artgenossen	Haworthie, Hortensie, Zimmerazalee	Heide, Rhododendron

Problem	Symptome/Bedeutung	Pflanzenheilkunde	Baumheilkunde
Lustlosigkeit	Eingeschlafene Beziehungen, Hektik, Überlastung und ständiger Erfolgsdruck im Alltag können zur Flaute im erotischen Bereich führen	Paradiesvogelblume, Dickblatt, Jasmin, Zimmerkalla, Zwergrose	Apfelbaum, Kirschbaum, Linde
Mangelndes Selbstvertrauen	Fehlendes Selbstbewusstsein kann in Beruf und Liebesleben Nachteile haben	Frauenschuh, Haarfarn, Zimmerefeu	Buchsbaum, Feigenbaum, Lorbeer
Stress	Unterschiedlichste Symptome; negativer Stress hat körperliche Folgen – wichtig ist Entspannung	Aloe, Amaryllis, Bergpalme, Bougainvillea, Elefantenfuß, Grünlilie, Haarfarn, Hibiskus, Kroton, Lanzenrosette, Schwertfarn	Buche, Feigenbaum, Fichte, Olivenbaum
Traurigkeit/ Hoffnungs- losigkeit	Niedergeschlagenheit nimmt Lebensqualität; dauert sie an, können psychosomatische Störungen auftreten; eine Pflanze kann die Stimmung aufheitern	Birkenfeige, Ginster, Alpenveilchen, Bogenhanf, Bougainvillea, Bubiköpfchen, Dickblatt, Elefantenfuß, Grünlilie, Haarfarn, Orangenbaum (Citrus-Arten), Pantoffelblume, Zwergrose	Apfelbaum, Holunder, Zypresse
Unruhe	Nervosität, Hektik, innere Unruhe	Kapernstrauch, Schwertfarn	Ahorn
Wohngifte	Kopfschmerzen, mangelnde Konzentration und Atembeschwerden, neue, renovierte Wohnung	Grünlilie, Schwertfarn, Aloe, Philodendron, Zimmerefeu, Dieffenbachie, Birkenfeige, Gerbera, Chrysantheme, Kroton, Azalee, Strauchmargerite, Fensterblatt, Flamingoblume, Marante, Weihnachtsstern, Zimmertanne	

Über die Autorin

Iris Hammelmann, Globetrotterin und Journalistin, hat auf ihren Reisen zahlreiche exotische Pflanzen kennen und lieben gelernt. Seit 1993 arbeitet sie freiberuflich; ihre Spezialgebiete sind neben Reiseberichten und Tourismus auch Naturheilverfahren und Naturkosmetik.

Literatur

Günther Sator: Feng Shui. Harmonisches Wohnen mit Pflanzen. Gräfe und Unzer, München 2000
Dagny und Imre Kerner: Der Ruf der Rose. Was Pflanzen fühlen und wie sie mit uns kommunizieren. Kiepenheuer & Witsch, Köln 1994
Volker Drolshagen und Karin Hoffmann: Die Sprache der Bäume. Mosaik Verlag, München 1997
René A. Strassmann: Baumheilkunde. Begegnungen und Erfahrungen mit den Heilkräften der Bäume. AT Verlag, Schweiz 1994
Thomas Grethlein: Heilkunst der Indianer. Pattloch, Augsburg 1996
Karola Berger: Salzkristalllampen. W. Ludwig Buchverlag, München 1999

Hinweis

Das vorliegende Buch ist sorgfältig erarbeitet worden. Dennoch erfolgen alle Angaben ohne Gewähr. Weder Autorin noch Verlag können für eventuelle Schäden, die aus den im Buch gemachten Hinweisen resultieren, eine Haftung übernehmen.

Bildnachweis

gettyone Stone: 14 (Dan Bosler), 20 (Chip Henderson), 26 (Chris Bayley), 31 (Bob Thomas), 84 (David Hanover), 89 (Jerome Tisne); laif, Köln: 2 (Gollhardt & Wieland), 9 (C. Emmler), 80 (Axel Krause); Seidensticker; München: 037; Siegfried Sperl, München: 69, 72 o.;
Südwest Verlag, München: Titel (Rainer Hofmann), 44 (Siegfried Sperl), 49 (Astrid Eckert);
Wildlife, Hamburg: 54, 55 o., 56 o., 59, 62 u., 71, 76, 77 (J. Mallwitz), 55 u., 57, 58 o., 60 o., 65, 66 o., 67, 68 o., 70 u., 73, 74 o. (D. Harms), 58 u. (A. Mertiny), 60 u., 61, 63, 64 o., 66 u., 68 u., 70 o., 72 u. (O. Diez), 56 u., 62 o., 64 u., 74 u., 75 (N.N.)

Impressum

© 2000 W. Ludwig Buchverlag, München, in der Econ Ullstein List Verlag GmbH & Co. KG, München
Alle Rechte vorbehalten. Nachdruck – auch auszugsweise – nur mit Genehmigung des Verlags.

Redaktion:
Dr. Ute Paul-Prößler

Projektleitung:
Berit Hoffmann, Christine Seidel

Redaktionsleitung:
Dr. Reinhard Pietsch

Bildredaktion:
Ute Schoenenburg

Umschlag:
Till Eiden

DTP/Satz:
Der Buchmacher, Arthur Lenner, München

Produktion:
Manfred Metzger (Leitung), A. Aatz, Dr. E. Weigele-Ismael

Druck:
Weber Offset, München

Bindung:
R. Oldenbourg, München

Gedruckt auf chlor- und säurearmem Papier

Printed in Germany

ISBN 3-7787 3911-5

Register